Johann Mathesius

Achim von Arnim

Das Leben
Dr. Martin Luthers

Johann Mathesius

Nach einer Bearbeitung von

Achim von Arnim

Das Leben Dr. Martin Luthers

Impressum:
© Norbert Weiher
Herstellung und Verlag: BoD – Books on Demand, Norderstedt.
ISBN: 978-3-74311-862-1

Predigten alten Herrn Magister Mathesius über die Historien von des ehrwürdigen, in Gott seligen, teuren Mannes Gottes, Doktor Martin Luthers Anfang, Lehre, Leben und Sterben.

Mit einer Vorrede herausgegeben von
Achim von Arnim.

Johann Mathesius ward den 24. Januar 1504 zu Rochlitz geboren. Sein Vater, (ein Ratsherr) hielt ihn ernstlich zur Schule, seine Großmutter zum Rosenkranz und zum sonntäglichen Lesen der Legenden an. Er wünschte Bergmann zu werden, wurde aber zum Studieren bestimmt. Von Ingolstadt, wo er seine Studien anfing, mußte er sich aus Armut entfernen, um im Dienste eines vornehmen Mannes in München, und nachher einer edlen Frau auf dem Schlosse Odiltzhausen, sein Fortkommen zu suchen. Luthers Schriften veranlaßten ihn im Jahre 1529 nach Wittenberg zu gehen, wo er Theologie studierte, auch Magister der Philosophie wurde. Er unterrichtete einige Zeit in der Schule zu Altenburg und wurde 1532 nach der Bergstadt Joachimsthal in Böhmen als Rektor der Schule berufen. Aus Liebe zur Theologie begab er sich 1540 nach Wittenberg zurück, wurde aber 1541 in Joachimsthal als Diakonus und Pastor wieder eingeführt. Dort blieb er bis an sein Lebensende, ungeachtet mancher Berufung nach anderen Orten und starb am Schlage den 8. Dezember 1568, nachdem er drei Stunden vorher das Evangelium von der Witwe Sohn zu

Nain abgehandelt hatte. Die große Zahl von seinen Predigten, die unter verschiedenen Titeln (s. Jöcher's Gelehrtenlexikon und Georgi's Europäisches Bücherlexikon unter dem fälschlich mit zwei „t" geschriebenen Namen: Matthesius) sowohl bei seinem Leben, als nach seinem Tode erschienen sind, beweisen das allgemeine Interesse an denselben, und doch erzählt er von der großen Furcht, die ihn jedes Mal beim Predigen anwandle. Einst, als er zu Wittenberg in einer Predigt einige Mal stecken geblieben und zum drittenmal von der Kanzel heruntergestiegen war, trieb ihn Luther dennoch wieder hinauf, wo er sich denn endlich faßte und eine herrliche Predigt hielt.

Mit dem größten Eifer wurden vor allen seinen übrigen Werken die sechzehn Predigten gelesen, welche er bis zum Jahre 1564 zu Joachimsthal über Luthers Leben gehalten, zu Nürnberg 1566, 4to auf 59 Bogen zum erstenmal herausgegeben hat unter dem Titel:

Historien von des ehrwürdigen in Gott seligen theuren Mannes Gottes, Doktoris Martini Luthers, Anfang, Lehre, Leben und Sterben. Alles ordentlich der Jahrzahl nach, wie sich alle Sachen zu jeder Zeit haben zugetragen durch den alten Herrn M. Mathesium gestellt, und alles für seinem seligen Ende verfertigt. Ps. CXII. Des Gerechten wird nimmermehr vergessen.

Das Buch wurde mehrmals aufgelegt, noch öfter im Auszuge bekannt gemacht, auch fast bei jeder Reformationsgeschichte als Quelle genannt. Umso mehr war ich überrascht, als mir das Werk vor einer Reihe von

Jahren bei einem Büchertrödler in die Hand fiel, so vieles mehr darin, als in allen mir bekannten Geschichtsschreibern zu finden, besonders aber schienen alle mir bekannt gewordenen Auszüge bemüht, das Lebendigste wegzuschneiden, um das trockene Gerippe der Begebenheiten ungestört übersehen zu können. Ich fühlte damals gleich, daß mir eine Arbeit an dem Buche obliegen würde und könnte mich leicht durch das Zeugnis meiner Freunde rechtfertigen, daß der äußere Anstoß der Säkularfeier unserer deutschen Reformation diesen neuen Auszug nicht veranlaßte wenn es gleich meine Unentschlossenheit über die Art der Bearbeitung bezwang, daß ich in diesem Jahre dem Werke die meisten teilnehmenden Leser versprechen konnte, auch wenn ich es nicht mit dem Reichtum ausstattete, den ich ihm, früher zugedacht hatte. Dieser Reichtum sollte in einer Zugabe des Lebendigsten aus Luthers eigenen und seiner Zeitgenossen Schriften bestehen, was uns seine Lebensweise, seine menschliche Eigentümlichkeit, seine Umgebung, überhaupt sein weniger beachtetes nicht theologisches Dasein und Wirken deutlicher vor Augen gestellt hatte. Solch eine Arbeit erscheint aber immer schwieriger, je länger man dazu sammelt, und so blieb mir für jetzt nur die Wahl, entweder das ganze Werk des Mathesius, oder einen Auszug mitzuteilen.
Dem vollständigen Abdrucke würde das Urteil der Gelehrten unfehlbar günstiger gewesen sein, da aber zum Gebrauche derselben noch eine hinlängliche Zahl Abdrücke der früheren Ausgaben auf Bibliotheken vorhanden sind, so entschied mich für die Erneuung, in Abkürzung des Unwesentlichen und Fremdartigen, der

wohlbekannte Sinn der übrigen Lesewelt, die leicht an der redseligen Weitschweifigkeit über gewisse, damals noch sehr bestrittene, Religionsansichten ermüdet wäre; auch schien es nicht rätlich, in einer Zeit, wo die verschiedenen Richtungen der Reformation zur Vereinigung streben und sich in derselben versuchen wollen, den alten Groll, den unsere Zeit aufgegeben hat, wie ein Gespenst mit aller ausgestorbenen Unruhe wieder auftreten zu lassen. Ganz ausgeschnitten konnten diese Abendmahl-Streitigkeiten nicht werden, ohne Verletzung der Geschichte, auch mußte die Überzeugung Luthers und seines Biographen deutlich erscheinen, was aber bloßer unverarbeiteter Eifer geblieben, trat billig in diesem Auszuge zurück, so wie manche theologische Auseinandersetzung einzelner Lehren, die zu Luthers Zeit zwar viel betrachtet wurden, aber doch nicht eigentlich von ihm und den Seinen angegangen, noch weniger von ihnen zu hinlänglicher Deutlichkeit verklärt sind.

Vollständig suchte ich. das geschichtliche Bild Luthers zu bewahren, das uns Mathesius lebhafter als irgendein anderer Zeitgenosse mit der treuen Anhänglichkeit und dem starken Gedächtnis, die jener Zeit eigen waren, überlieferte, ähnlich in seinem Bemühen dem Lukas Cranach, der mit dem guten Auge und der geübten Malerhand jener Zeit uns das Angesicht Luthers in verschiedenen Altern mit gleicher Wahrhaftigkeit erhalten hat.

Die Eigentümlichkeit des Mathesius forderte hierbei ebenfalls ihr Recht, sie bekräftigt seine Angaben wie ein Handschlag an Eides statt: Noch am jüngsten Tage will er Rechenschaft von seinem Buche geben, mit seinen Wittenberger Tischgenossen will er wieder in der Ewigkeit zusammentreten. Seine Eigentümlichkeit besteht aber nicht allein in diesem zuverlässigen Glauben, in diesem genauen Aufzeichnen alles dessen, was er an Luthers Tische gehört hat (denn beides ist ihm gemeinschaftlich mit dem Herausgeber der nie genug zu rühmenden Tischreden Luthers), sondern auch in seiner Sprache. Er braucht hier, wie in seiner Bergpostille den Ausdruck seiner Bergleute, er verkettet ihnen auf diesem Wege die Glaubenslehren mit dem täglichen Geschäfte, uns aber mit einem neuen Bilde, während sie in der allgemeinen Sprache, in den abgenutzten Dekorationsansichten vieler Redner jener wie unserer Zeit, fast mit dem Augenblicke des Hervortretens wieder in dem allgemeinen Geisteselemente versinken. Freilich ist es unendlich leichter, einen Perioden zu runden, statt einen Gedanken eckig auskristallisieren zu lassen, aber hätte Luther so beschönigend und übereilend gedacht, wir würden nie seine Bibelübersetzung erhalten haben. Dieses strenge mühsam wiederholte Streben Luthers nach dem Eigentümlichen der Sprache, das sogar den Rat gemeiner Handwerker nicht verschmähte, ein Bemühen, das Mathesius mit inniger Bewunderung beschreibt, hat wahrscheinlich dem treuergebenen Schüler Mathesius den Anstoß gegeben, sich in die Sprache der Bergleute einzustudieren, diese Übung, seine frühere Liebe zum Bergbau und die Einsamkeit seiner Bergstadt, brachten ihn bald auch zur gründlichen Kenntnis seines Bergbaus, seine Bergpostille und Joachimsthalische Chronik werden wegen seiner Kenntnis des Bergbaus als eine höchst schätzbare historische Quelle benutzt. Was hindert andere Prediger mit gleicher Einsicht den Geschäftskreis ihrer Gemeinden zu überschauen; ist Landbau, Fischerei, Gewerbe und Handlung nicht gleicher Lebendigkeit in der Anwendung auf das Geistige fähig? Möchte sein tüchtiges Beispiel manchem ein Anstoß werden, das ewig wiederkehrende Sammelsurium eingelernter Redensarten aus alten Heften und neuen Literatur-Zeitungen, meistens über Dinge, die nur in höchster Stufe der Forschung eine Bedeutung haben, endlich einmal ganz abzulegen und zur Urquelle zurückzukehren, aus der alles Echte in unerschöpflicher Fülle fließt, zum demütigen Gebete um den rechten Geist, dem die ganze Welt in treuem Fleiße sich eröffnet. Lernen wir den Überdruß so vieler Prediger gegen den, ihnen vom Schicksal angewiesenen Wirkungskreis kennen, das falsche Bemühen, durch ein Entfernthalten von der Gemeinde, sich in Würden und Ansehen zu erheben, die vielen Streitigkeiten über manche durch schiedsrichterlichen Ausspruch zu vermittelnde äußere Verhältnisse, so wird uns die Zuneigung des alten Herrn Mathesius zu der Stadt, die ihn vor langer Zeit berufen, zu ihrem Gewerbe, das ihm weiter keine Vorteile bringt, um so schätzenswerter, auch kommen wir darauf, einen Teil dieser Zuneigung dem Orte zuzuschreiben, und den Bewohnern, da so etwas nicht leicht einseitig hervorgehen kann. Es war mir daher ein Festtag, als ich in diesem Jahre mit guten Karlsbader Frühstücksgenossen zwischen den hohen Wölbungen der Urgebirge[1] nach Joachimsthal hinauf fuhr und endlich in der Bergspalte die Häuserreihe, welche die Stadt ist, von kleinen Gärten umgrünt, vom gewerktrüben und eiligen Bergwasser durchrauscht, vor mir erblickte: die Gebirge ziehen das Senkblei an, irren den Magnet, warum sollten sie nicht etwas Gewalt über unser Herz ausüben, das oft schwer, noch öfter magnetisch genannt werden kann, zur dunklen Tiefe und zum helleren Himmel in gleicher Lust getrieben wird. Dieser eigentümlichen anziehenden Kraft der Gebirge, ihren Luftströmen und Erzgängen mag wohl ein Teil der Liebe unseres Mathesius zu der Stadt gebühren, aber der Gebirge und Bergstädte gibt es mehrere und damals waren gewiß viele andere Ältere vor Joachimsthal ausgezeichnet, das erst so kurze Zeit vorher auferbaut worden, dennoch schlug er jeden Ruf nach anderen Orten aus, denn diesen hatte er nach allen seinen Verhältnissen kennen gelernt. Obgleich ich es voraus wußte, daß die harten Zeiten der Religionskriege die von Mathesius so mühsam hier begründete reine Lehre verdrängt hatten, dennoch war es mir etwas Seltsames, die Weiber, welche in den Arbeitsstunden als einzige Bewohner der Bergstadt erscheinen, neben dem Spitzenklöppeln mit ihrem Rosenkranz beschäftigt zu sehen, und an einer Betkapelle eine lateinische Inschrift zu entdecken, welche die Rückkehr zur katholischen Religion rühmte. Welch ein Zutrauen hatte Mathesius zum Glauben seiner Bergstadt. Noch steht die große Marktkirche, die zur Reformationszeit aufgerichtet, von der mächtigen Stimme des Bergpredigers ertönt hatte,

---

[1] Erzgebirge.

auch stehen wohl einige ansehnliche alte Häuser am Markte umher, die vom ersten Glanze der Stadt zeugen; aber sein Name, sein Grab ist bei den Einwohnern vergessen, wie auch die reichen Gänge ausgebaut sind im Gebirge; die Bergleute stehen nahe der Tiefe, über die menschliche Kräfte nicht vorzudringen vermögen, über den Drang des täglichen Bedürfnisses haben sie die Stimme des ewigen Bedürfnisses nach Wahrheit längst vergessen; es gibt jetzt überall mehr Thaler (ursprünglich Joachimsthaler genannt) als da, woher sie stammen mit ihrem Namen und Wert; weder für das geistige, noch für das irdische Leben, ist die Arbeit und das Verdienst der Voreltern zu den Nachkommen übergegangen! Nicht die innere Wirkung anderer Überzeugung, sondern äußere Gewalt hat den geistigen Segen geraubt! Welch ein Grauen mag jeden, bei diesem Gedanken ergreifen, der mit Gemalt gerüstet, dem nicht bloß das Wohl dieser Welt, sondern auch die ewige Richtung des Geistes übergeben ist. Diese armen Seelen sind unschuldig, daß ihnen das wahre Licht verschlossen, und ihren Voreltern kann keine Zeit mehr den Segen rauben, diese aber werden einst, was ihren Nachkommen fehlt, von denen fordern, denen die Gewalt gegeben war. Wer das innig fühlt, wird gewiß die Gewalt auf das beschränken, wozu sie eingesetzt ist, auf die Sicherung des äußeren Lebens, auf die ruhige Gestaltung desselben durch den Geist; dies sei die Einsicht, durch drei Jahrhunderte der Reformation gewonnen, welche als letzter Segen Luthers zum vierten Jahrhunderte übergeht.

Erste Predigt.

Geliebte im Herrn! Heute am St. Martinstage (den 10. November) wollen wir der Geburt Martin Luthers, des deutschen Propheten, durch einen Berichte von dem Anfang seiner Lehre und seines Wandels feiern. Heilige Leute und selige Diener der Kirche sollen wir nicht leichtsinnig vergessen, denn sie bezeugen auch in uns ihren Beruf, fest und gewiß zu machen, ihr jüngeren Leute sollt aber vor allen mit Fleiß anhören, wie es vor Zeiten in der Christenheit gestanden und von wem eure Seelsorger, Obrigkeit, Schulmeister und Eltern die Lehre empfangen haben, in der ihr unterwiesen seid, ihr alle aber helft mir im Namen Christi herzlich beten, daß ich euch dies alles fein richtig und einfältig dargeben möge, was ich in der Kirche und Schule zu Wittenberg, auch an Luthers Tische von vielen guten Leuten mit Wahrheit vernommen habe. Die Wahrheit will ich euch melden, niemand zu Lieb und zu Leide, dazu helfe mir der wahrhaftige Sohn Gottes, vor dessen Angesicht ich einem jeden, so Gott will, dieser meiner Predigt wegen gute Antwort und Bescheid will geben, der mich allda wird darüber ansprechen, und zur Rede setzen.

Heute liebe Freunde, vor 79 Jahren, also im Jahre 1483, ist Martin Luther einem ehrlichen Bergmann, oder Schieferhauer, mit Namen Hans Luther, der vom Dorfe Möhra bei Schmalkalden gelegen, gegen Eisleben gezogen war, von seiner Frau Margarethe geboren und an demselben Tage in der St. Peterskirche im Namen der heiligen Dreifaltigkeit christlich getaufet worden. Da unser milder und reicher Gott des Vaters Bergarbeit segnete, und ihm zwei Schmelzöfen zu Mansfeld bescherte, hat Hans Luther sein Söhnlein mit Ehren von seinem wohlgewonnenen Berggut erziehen, und als es zu vernünftigen Jahren gekommen, in die lateinische Schule mit herzlichem Gebet gehen lassen, wo dies Knäblein seine zehn Gebote, Kinderglauben, Vaterunser, neben dem Donat[2], Kindergrammatiken und christlichen Gesänge, fein fleißig und schleunig gelernt hat. Denn obwohl der leidige Satan die Schulen und ihre Diener verächtlich und gering hielt, dennoch sind alle großen und vortrefflichen Leute in geistlichen und weltlichen Ämtern in Schulen auferzogen worden.

Als dieser Knabe in sein vierzehntes Jahr ging, hat ihn sein Vater durch Johann Reineck nach Magdeburg in die Schule gesandt, welche damals vor vielen anderen weit berühmt war. Allda ist dieser Knabe, wie manches ehrlichen und wohlhabenden Mannes Kind, nach Brot gangen, und hat sein *„Panem propter Deum"*[3] geschrien: Was groß soll werden, muß klein angehen, und wenn die Kinder von Jugend an so zärtlich und herrlich erzogen, schadet's ihnen ihr lebelang.

Im folgenden Jahr hat sich dieser Knabe, auf Befehl seiner Eltern nach Eisenach begeben, wo seiner Mutter

---

[2] Aelius Donatus (Lehrer des hl. Hieronymus) war ein berühmter Sprachlehrer im 4. Jh. Er schrieb unter anderen Büchern auch eine Lateinische Grammatik – gewöhnlich der „Donat" genannt – welche im Mittelalter allgemein (weshalb sie eins der ersten von Gutenberg gedruckten Bücher war) als Leitfaden beim Sprachunterricht diente, und wovon damals jede Sprachlehre „Donat" genannt wurde.

[3] „(Gebt mir!) Brot um Gotteswillen."

Freundschaft wohnte. Als er daselbst eine Zeitlang auch vor den Türen sein Brot ersang, nahm ihn eine andächtige Matrone zu sich an ihren Tisch, dieweil sie um seines Singens und herzlichen Gebets willen eine sehnliche Zuneigung zu dem Knaben trug.

Im Jahre 1501 sandten diesen jungen Gesellen seine lieben Eltern nach Erfurt auf die hohe Schule, und erhielten ihn dort von dem Segen ihres löblichen Bergguts: Gott wollte aus deutschen Bergleuten seine Kirche reinigen, durchs Feuer oder Ofen gehen, und wieder reinen Blick treiben und brennen lassen, darum mußte dieser geistliche Schmelzer in einer ehrlichen Bergstadt, von guten Bergleuten geboren, und vom löblichen Berggut erzogen worden.

In dieser Universität fängt dieser Student an, freie Schul- und Redekünste, so gut als man sie zu der Zeit lehrte, mit großem Ernst und Fleiß zu studieren, wie er denn auch eine Zeitlang der Juristerei obgelegen. Obwohl er von Natur ein hurtiger und fröhlicher junger Geselle war, fing er doch alle Morgen sein Lernen mit herzlichem Gebet und Kirchengehen an; wie denn dies sein Sprichwort gewesen: *Fleißig gebetet ist über die Hälfte studiert.* Er verschlief und versäumte keine Lektion, fragte gern seine Lehrer, und besprach sich in Ehrerbietigkeit mit ihnen, wiederholte oftmals mit seinen Gesellen, und wenn man nicht öffentlich las, hielt er sich allweg in der Universitäts-Büchersammlung auf.

Auf eine, Zeit, wie er die Bücher fein nacheinander besieht, auf das er die guten kennen lernt, kommt er auf die lateinische Bibel, die er zuvor, die Zeit seines Lebens nie gesehen. Da vermerkt er mit großem Verwundern, daß mehr Texte. Episteln und Evangelien darin wären, als man in gemeinen Postillen und in der Kirche auf Kanzeln pflegte auszulegen. Wie er im alten Testament sich umsieht, kommt er über Samuels und seiner Mutter Anna Historien, die durchliest er eilig, mit herzlicher Lust, und weil ihm dies alles neu war, fängt er an von Grund seines Herzens zu wünschen: unser getreuer Gott wolle ihm dermaleinst auch ein solches Buch eigens bescheren! Dieser Wunsch und Seufzer ist ihm reichlich wahr worden.

Nicht lange hernach, wie er allda in eine schwere Krankheit verfällt, darüber er sich seines Lebens gar verziehen, besucht ihn ein alter Priester, der spricht ihm tröstlich zu: „Mein Bakkalaureus[4], seid getrost, Ihr werdet dieses Lagers nicht sterben, unser Gott wird noch einen großen Mann aus Euch machen, der viele Leute trösten wird, denn wer Gott liebt, und aus dem er etwas Seliges ziehen will, dem legt er zeitig das heilige Kreuz auf, in welcher Kreuzschule geduldige Leute viel lernen." Dies ist die erste Weissagung, die der Herr Doktor gehöret, welche ihm auch das Herz getroffen, wie er dieses Trostes auch oftmals erwähnet.

Unser Gott richtet selten etwas Wunderliches an, das er nicht zuvor verkündigen und offenbaren lassen. Hat doch der teure Märtyrer aus Böhmen Johann Huß auch von Luther hundert Jahr zuvor geweissagt, als ihn das

---

[4] Ein, früher mehr gebräuchlicher, Titel auf Universitäten für diejenigen, welche die nächste Anwartschaft auf die Würde eines Doktors haben.

Konzil zu Kostnitz[5] wollte verbrennen lassen: „Heute bratet ihr eine Gans (denn das heißt Hußens Name auf Böhmisch), aber über hundert Jahr, da wird ein Schwan kommen, der wird euch ein anderes Liedlein singen." Huß wurde im Jahr 1415 verbrannt, und Luther fing an gegen den Ablaß zu disputieren im Jahr 1516.

Desgleichen war ein alter frommer Mönch mit Namen Johann Hilten, zu Eisenach im Kloster, den seine Brüder gefangen hielten zu seinem Kirchendiakon: „Im Jahre 1516 wird der kommen, der euch reformieren und meine Weissagung wider euch wahr machen wird." Dieser dreierlei Weissagung gedenke ich hier zum Zeugnis und Bekenntnis unseres lieben Herrn Doktors; denn man sagt so lang von einem Ding, bis es Gott einmal wahr macht.

Im Anfang des Jahres 1505 wird Martin Luther, der seine freien Künste, wie sie damals in Schulen waren, fein studiert, Magister zu Erfurt. Am Ende dieses Jahres, da ihm sein guter Freund erstochen und ein großes Wetter und greulicher Donnerschlag ihn hart erschreckt und er sich ernstlich vor Gottes Zorn und dem jüngsten Gericht entsetzt, beschließt er bei sich selbst und tut ein Gelübde, er wolle ins Kloster gehen, Gott allda dienen, und ihn mit Messehalten versöhnen, und die ewige Seligkeit mit klösterlicher Heiligkeit erwerben, wie denn solches eigentlich der frömmsten Klosterleute Lehre und Gedanke war. Nur aus Frömmigkeit ward er, nicht Faulheit, Ungeschicklichkeit oder Armut halber, ein Augustiner-Mönch zu Erfurt, doch ohne Willen und Wissen seines lieben Vaters, der

---

[5] Früherer Name von Konstanz am Bodensee.

ein herzliches Mißfallen darob getragen, und zwei Worte zu seinem Sohne gesagt: „Sehet zu, daß euer Schrecken nicht ein teuflischer Betrug gewesen; man soll dennoch den Eltern um Gottes Worts willen gehorsam sein und nichts hinter ihrem Wissen und Rat anfangen", welches dem Doktor hernach ist stetiges Leid gewesen, bis er seine Mönchskappe wieder ausgezogen.

Ehe er im Kloster Profeß[6] tut, gibt ihm der Konvent auf seine Bitte eine lateinische Bibel, die durchliest er mit höchstem Ernst und Gebete, und lernt viel davon auswendig. Es halten ihn aber die Klosterleute sehr gering und legen ihm viel auf, daß er Küster und Kirchner[7] sein, und die unflätigsten Gemächer aussäubern mußte; wie sie ihm auch einen Bettelmönch zugaben, und sprachen unverhohlen: *Cum sacco per civitatem.*[8] Mit Betteln und nicht mit Studieren dient man dem Kloster.

Weil er aber ein löbliches Mitglied der Erfurtischen Schule und ein promovierter Magister war, nimmt sich die löbliche Universität ihres Gliedes an, daß man ihn zum Teil der unflätigen Beschwerung überheben mußte. Da er aber nun Profeß tat, die Kappe anzog, und folgend's im Jahr 1507 Priester ward, wie ein Brief ausweiset, darin er zu seiner erste Messe gebeten, haben ihm seine Brüder die Bibel wieder genommen, und ihm ihre Sophisterei[9] und Schullehre in die Hände gegeben,

---

[6] Das Mönchsgelübde ablegt.
[7] Kirchendiener.
[8] „Mit dem Sack durch die Stadt."
[9] Spitzfindigkeiten.

die er aus Gehorsam fleißig gelesen, doch wo ihm Zeit und Raum ward, hat er sich in des Klosters Büchersaal versteckt und zu seiner lieben Bibel stets und treulich gehalten, und daneben als ein frommer Mönch mit tiefster Andacht seine Messe 15 Jahre gelesen.

Weil er also Tag und Nacht im Kloster studieret und betete, und sich daneben mit Fasten und Wachen kasteit und abmergelt, war er stets betrübt und traurig, und all sein Messehalten wollte ihm keinen Trost geben. Da schickte Gott einen alten Bruder zu ihm ins Kloster zum Beichtvater, der tröstet ihn herzlich, und weißt ihn auf die Vergebung der Sünden, und lehrt ihm aus St. Bernhards Predigt: er müsse für sich selber auch glauben, daß ihm der barmherzige Gott und Vater durch das Opfer und Blut seines Sohnes Vergebung aller Sünden erworben. Dies ist unserem Doktor ein lebendiger und kräftiger Trost in seinem Herzen gewesen, wie er sich nachmals wieder zu Weihnachten tröstlich erinnerte, als er den Vers sang: *Obeata culpa, quae talem meruisti redemtorem!*[10]

Kurz vor dieser Zeit hatte der hochlöbliche Kurfürst Herzog Friedrich zu Sachsen, die Universität zu Wittenberg[11] auf Anhalten Bruders, des Bischofs zu Magdeburg, durch Dr. Martin Mellerstadt und Dr. Johann Staupitz, errichten lassen, und weil dieser Staupitz, der über 40 Augustiner-Klöster in Meißen und Thüringen die Aufsicht hatte, den Befehl erhielt, sich nach gelehrten Leuten umzusehen und sie nach

---

[10] „O selige Schuld, die du uns einen solchen Erlöser verdient hast!"
[11] 18. Okt. 1502.

Wittenberg zu fordern, so spürt dieser Mann die sonderliche Geschicklichkeit und ernste Frömmigkeit Luthers, und bringt ihn im Jahr 1508 ins Kloster nach Wittenberg, wo die Universität 6 Jahre früher gestiftet war.

Allda legt sich unser Bruder Martin auf die heilige Schrift, fängt an in der hohen Schule wider die Sophisten zu disputieren, auf die in jener Zeit der Grund des Christentums in Schulen, Klöster- und Predigtstühlen gelegt war: Er fragt nach dem rechten und gewissen Grunde unserer Seligkeit und hält der Propheten und Apostel Schriften, die aus Gottes Munde hervor gegangen, für höher, gründlicher und gewisser, denn alle Sophisterei und Schultheologie, worüber sich schon der Zeit treffliche Leute wunderten.

Dr. Mellerstadt, welcher damals *Lux mundi*[12] oder ein Doktor in der Arznei, Juristerei und klösterlichen Sophisterei war, konnte des Mönchs Argumente auch am Tische nicht vergessen: „Der Mönch", hat er oft gesagt, „wird eine neue Lehre aufbringen und die ganze römische Kirche reformieren, denn er steht auf Jesu Christi Wort, das kann keiner mit aller Philosophie, Sophisterei, Scotisterei, Albertisterei, Thomisterei und dem ganzen Tardaret[13] umstoßen."

Im Jahr 1510 sandte ihn sein Konvent in Klostergeschäften nach Rom. Da sieht er den heiligsten Vater, den Papst, und seine goldene Religion und ruchlose Kurtisanen und Hofgesinde, welches ihn hernachmals gestärkt hat, daß er so ernstlich wider die römischen

---

[12] Licht der Welt.
[13] In der Bedeutung von: Der ganze Kram.

Greuel und Abgötterei geschrieben, wie er sich denn an seinem Tische oft hat vernehmen lassen: er wollte nicht 1000 Gulden dafür nehmen, Rom nicht gesehen zu haben. Als er allda einen seiner Freunde aus dem Fegefeuer mit seinem Meßopfer erlösen wollte, wie damals Jedermann glaubte, und sehr andächtig und langsam seine Messe hielt, sah er, daß neben ihm auf einem Altar sieben Messen verrichtet wurden, ehe er mit einer fertig ward, auch mußte er hören, wie die römischen Meßknechte ihm sagten: „Passa, Passa, fort, fort, schicke unserer Frau ihren Sohn bald wieder heim." Andere ließen sich über Tische hören, was etlicher Priester Worte wären, womit sie ihr Brot und Wein einsegneten, nämlich: *Panis es, et panis manebis, vinum es, et vinum manebis*[14].

Da ihm Gott nun wieder gen Wittenberg in sein Kloster half, fuhr er fort mit Studieren und Disputieren, so daß im Jahre 1512 sein Oberster samt dem Konvent beschlossen hat, Bruder Martin solle in der heiligen Schrift Doktor werden. Diesen Beschluß hielt ihm Doktor Staupitz zu Wittenberg unter einem Baum im Kloster vor, den er mir und anderen einst selbst zeigte. Da sich aber Bruder Martin auf's demütigste entschuldigte, und unter anderen vielen Ursachen, auch diese zuletzt vorwendete, er sei ein schwacher und kranker Bruder, der nicht lange zu leben habe, man solle sich nach einem tüchtigeren und gesunden umsehen, antwortete Doktor Staupitz scherzweise: „Es läßt sich ansehen, unser Gott werde bald im Himmel und auf

---

[14] „Du bist Brot, und wirst Brot bleiben; du bist Wein und wirst Wein bleiben."

Erden viel zu schaffen bekommen, darum wird er viele junge und arbeitsame Doktoren haben müssen, durch die er seine Händel verrichtet; Ihr lebet nun oder sterbet, so bedarf Euch Gott in seinem Rate, darum, folget was Euch euer Konvent auflegt, wie Ihr mir und demselben auf Eure Profeß schuldig seid zu gehorsamen. Was die Unkosten belangt, will unser gnädigster Kurfürst aus seiner Kammer, dieser Universität zur Förderung alles auf's gnädigste darlehnen."

Darauf ward Bruder Martin nach Leipzig abgefertigt, daß er allda von den Kurfürstlichen Rentmeistern solches Geld empfange. Diese halten ihn nach altem Hofbrauch so lange auf, daß er schon Willens gewesen, ohne Geld davon zu ziehen, wenn ihn nicht der klösterliche Gehorsam, auf Abfertigung zu warten gezwungen hätte, denn obschon die Herren ihre Hände oftmals gnädig auftun, so liegt doch viel an denen, die der Herren Befehl ins Werk bringen sollen. Also ward Bruder Martin, aus Befehl seines Vikars und Konvents und auf Kosten des löblichen Kurfürsten zu Sachsen und auf Privilegien und Gewalt Herrn Maximilian römischen Kaisers, und des Stuhls zu Rom, der für 10 Jahre die Universität bestätigt hatte, zum Doktor der heiligen Schrift zu Wittenberg am Tage St. Lukas promoviert, und hat allda öffentlich einen Eid zur heiligen Schrift geschworen, dieselbe sein Lebelang zu studieren, zu predigen und den christlichen Glauben mit Disputieren und in Schriften wider alle Ketzer zu vertreten, als ihm Gott helfe. Dieses ordentlichen und öffentlichen Berufs hat er sich oft in großen Nöten und Kämpfen getröstet, wenn ihm Teufel und Welt hat wollen bange machen, wer es ihm befohlen, und wie er es verantworten wolle, daß er ein solch Wesen in der ganzen Christenheit anrichte. Ach es glauben's heut zu Tage wenig Leute, daß an einer richtigen Vokation[15], so entweder ein öffentliches Doktorat, oder ein Pfarramt, in einer einzelnen Stadt angeht, so viel gelegen sei. Denn ein standhafter Doktor und Prediger muß seines Berufs und Befehls gewiß sein, wie wollen's die vor Gott und ihrem Gewissen verantworten, die sich ohne alle Ursach zum Doktoramt selber angeben oder in eine Kirche eindringen und ordentliche Lehrer austreiben.

Da nun dieser Mann ein ordentlicher und berufener Doktor der heiligen Schrift war, nahm er sich der heiligen Bibel Gottes mit Ernst an, durchlas sie wieder mit höchstem Fleiß, und nahm die alten Väter und Kirchenlehrer zu Rat, fing auch an auf Befehl seines Obersten zu lesen, zu predigen und zu disputieren, schrieb auch in dieser Zeit viele tröstliche Briefe an geängstete Gewissen, darin er treulich zur heiligen Schrift vermahnt, dieweil man allein aus der Apostel Wort Jesum Christum für unsere einige Gerechtigkeit erkennen könne. Damals fing er auch an Pauli Episteln und den Psalter vorzulesen, als Doktor Staupitz von Amtswegen St. Augustini Bücher und andere abschaffte, welche vorher bei Tische vorgelesen wurden, und dagegen die heilige Bibel in allen seinen Klöstern zu lesen befahl.

In dieser Zeit handelt Doktor Luther in seiner Lektion über die Frage: ob man den rechten Glauben christlich zu leben und selig zu sterben, aus der heiligen Schrift

---

[15] Berufung für ein Amt.

solle lernen, oder aus dem gottlosen Heiden Aristoteles, daraus die Schullehrer die römische Kirche und Klosterlehre erhalten wollten. Dies ist der erste Streit zwischen Luther und den Sophisten, in welchem er behauptete, es sei billiger, daß man in Glaubens- und Gewissenssachen der göttlichen Schrift nachforsche, und darauf beharre, was durch das ewige und wesentliche Wort aus Gott des Vaters Herzen hervorgebracht, und mit vieler heiligen Märtyrer Blut bezeugt sei, denn daß man aus des finsterem Scoti und des albernen Alberti und zweifelhaftigen Thomas von Aquin ungewisse Traume, Seele und Gewissen wage. Obwohl seine Brüder und andere Ordensleute hierwider disputierten, konnten sie doch wider ihn und seine festen Gründe nichts Beständiges aufbringen, er drang mit der heiligen Schrift durch, und alle Sophisten und Scotisten mußten ihn mit der Apostellehre aufkommen lassen. Wie er also die heilige Bibel buchstabieren lernt, reden Doktor Staupitz, Herr Spalatinus und viele gute Leute, den schönen Sprachen das Wort, welche die besten Ausleger des Worts Gottes sind und so hat Luther von Tag zu Tag für die Bibel lernen müssen.

Um diese Zeit hat der Kurfürst zu Sachsen, der zuvor nach dem heiligen Lande gewesen, ein neues Stift im Namen aller Heiligen in seinem Schloß zu Wittenberg anrichten lassen, wo er allerlei Heiligtümer zusammen gebracht hat. Da ward Doktor Staupitz in die Niederlande abgefertigt, Heiligtümer aus einem Kloster zu holen, und während dieser Zeit ward Doktor Martin das Vikariat über die Augustiner-Klöster befohlen. Diese Zeit benutzte er, von einem Kloster zum anderen zu ziehen, Schulen einrichten zu helfen und alle seine Brüder zu ermahnen, sich zur Bibel zu halten, und daneben heilig, friedlich und züchtig zu leben.

Dies geschah im Jahre 1516 eben um die Zeit, als der Ablaßkrämer Tetzel (welchen Friedrich, Kurfürst zu Sachsen vom Sack zu Innsbruck losgebeten hatte, darein Kaiser Maximilian Ehebruchs halber ihn wollte stecken lassen) römischen Ablaß und Gnade auf etlicher Bischöfe Befehl, die ihre Bischofsmäntel von dem Ablaßgeld zu Rom lösen wollten, im deutschen Land, um Geld verkaufte. In eben diesem Jahre wurde dieses Joachimsthal erbauet, damit die armen Ordensleute und Schreiber, deren viele aus den Klöstern gewissenshalber gingen, hier in diesem Gebirge ihren Unterhalt hätten, wie denn ihrer Viele hier am Haspel und auf dem Stein und mit Schreiberei anfänglich erhalten sind.

Wir danken dem ewigen Sohne Gottes, der diesen Doktor in diese Lande ausgesendet hat, und seine Lehre durch Graf Stephan Schlick, in dieses Tal brachte, und bitten ihn, er wolle uns mit den Unseren, forthin in reiner Lehre und heiligem Leben erhalten und wie er durch eines Bergmanns Sohn die verfeuerte Lehre durch den Ofen abermals wollte gehen und die Abgötterei abscheiden lassen, so wolle er unsere christliche Bergstadt, vor der Schwärmer Katzensilberblende und tauber Bergart gnädiglich bewahren. Hiermit wollen wir diesmal die Historien mit dem 1516. Jahre beschließen und eine Stufe allhier schlagen, aber bald wieder ansetzen und von des Bergmanns Sohne, dem der Stein auf der Bibel wohl gebrochen und der sein Lebtag

Bergleute und ihre Kinder lieb gehabt, weiteres erzählen. Amen!

Zweite Predigt.

Liebe Freunde im Herrn! *Ecce florent valles cum, evangelio*[16]. Weil man vor Alters in dieser Woche den St. Joachimstag begangen und dieses Joachimsthal mit dem Evangelium aufgekommen ist, so wollen wir in Luthers Historien wieder ansitzen und sehen was weiter auf diesem Gange Gutes brechen will.

Da nun Doktor Luther die festen Gründe unseres Glaubens aus heiliger Schrift erkannt, trägt es sich zu, daß der Ablaßführer, Johann Tetzel seinen Ablaßkram zu Jüterbog (vier Meilen von Wittenberg) auslegt, und dieser tauben römischen Bergart wie ein rechter Landbrenner, das Wort mit großem Geplärr redet: nämlich, daß sein rotes Kreuz mit des Papstes Wappen ebenso kräftig wäre, als das Kreuz Jesu Christi. Item, er wolle im Himmel mit St. Peter nicht teilen, denn er hätte mit seinem Ablaß mehr Seelen erlöset, denn St. Peter mit seinem Evangelium. Item, die Ablaßgnade sei eben die Gnade, durch welche der Mensch mit Gott versöhnet würde. Item, es wäre unnötig, Reue, Leid oder Buße wegen der Sünde zu haben, wenn einer seine und des Papstes Gnade und Sicherbriefe kaufe, denn sobald der Pfennig im Kasten klinge, so fahre die Seele aus dem Fegefeuer gen Himmel. Item, ihm sei so große Gnade

---

[16] „Siehe! Es blühen die Täler auf mit dem Evangelium."

und Gewalt in Rom aufgetragen, daß wenn sich einer selbst an der Mutter Gottes vergriffen hätte, könnte er's neben künftigen Sünden vergeben, wenn jener nur in den Kasten legte, was sich gebühre.

Wie Tetzel also seine römische Trügerei vermessen herausstreicht, laufen viele Leute zu diesem Ablaßjahrmarkt und wollen Gnade lösen und ewiges Leben mit ihrem Gelde erkaufen. Da fängt Luther an in seinem Kloster seine Zuhörer zu warnen vor diesem Geldablaß und lehrt im Anfang sein bescheidenlich, es wäre besser armen Leuten ein Almosen zu geben, denn solche ungewisse Gnade für Geld zu kaufen, wer Buße tue sein lebelang und bekehre sich zu Gott von ganzem Herzen, der bekomme die himmlische Gnade und Vergebung aller Sünden, die uns der Herr Christus durch sein Blut erworben und ohne Geld aus lauter Gnade anbiete.

Wie solches vor den Ablaßkrämer kam, der römische Briefe, Wachs und Blei gegen gute Schreckenberger, Spitzgröschel[17] und Goldgulden verwechselte, fängt Tetzel an zu fluchen, zu schelten und Luther als einen Erzketzer zu verdammen. Also bringt dieser Ablaßführer mit seinen vermessenen Reden und greulichen Schandworten Doktor Luther in seinen geistlichen Harnisch, daß er Davids Schleuder und das geistliche Schwert, welches ist ein brünstiges Gebet und das lautere Wort Gottes, zum Schuß nimmt und auf sein Doktoramt und Eid, Tetzel und seinen römischen

---

[17] Sind alte sächsische Münzeinheiten in Silber, wovon erstere auch Engelpfennige genannt wurden, wegen des aufgeprägten Engels, der das Wappen hielt.

Ablaß im Namen Gottes angreift und lehret getrost, daß solcher Ablaß ein gefährlicher Betrug sei. Also hebt sich der Hader an, zwischen Doktor Luther und Tetzel über den päpstlichen Ablaß, bei welchem Doktor Luther im Anfang nur suchte, daß bescheidener vom Ablaß geredet würde, damit der große Name päpstlicher Heiligkeit nicht hierin gelästert würde: Diesmal war es dem frommen Mönch noch um des römischen Hauptes Name und Hoheit zu tun, daß diese erhalten würden.

Da aber Tetzel und sein Anhang mit römischer und bischöflicher Gewalt und mit der Kirche Schlüsseln ihr Tandwerk verteidigen wollten, wird Dr. Luther auf seinen Eid und Doktorat gedrungen, Positionen und Gründe wider Johann Tetzel und alle, die mit ihm unter der Decken lagen, zu stellen und an die Schloßkirche zu Wittenberg am Kirchmeßtage anzuschlagen, und in Druck ausgehen zu lassen, welches geschah am letzten Oktober 1517, welche also anfangen und lauten: *Unser Herr und Meister Jesus Christus spricht: Tut Buße, denn das Himmelreich ist nahe herbeikommen. Die erste Frage ist nun, ob solcher gekaufte Ablaß alle Pein und Schuld vergebe, und die Seelen aus dem Fegfeuer erlöse.* So fing er an den römischen Ablaß anzufechten und den rechten und himmlischen Ablaß von der Vergebung der Sünden durchs Blut Christi zu bezeugen und zu predigen. „Summa summarum," sagte er, „der Gerechte lebet nicht aus seinen Werken, oder aus dem Gesetze, viel weniger aus römischem Ablaß, sondern durch den Glauben an Jesum Christum."

Da nun des Doktors erste Disputation im Druck ausging, kam sie in Monatsfrist nach Rom und in alle hohe Schulen und Klöster. Was fromme Mönche waren, welche vermeinten im Kloster selig zu werden und denen der Kostnitzer Handel noch stetig im Sinne lag, nahmen diese kurze Schrift mit Freuden an, wie man von dem frommen Mönche Dr. Fleck saget, der die Universität Wittenberg durch seine Predigt hat helfen einweihen und darneben geweissagt, daß alle Welt von diesem weißen Berge Weisheit holen und bekommen würde. Dieser Mönch findet diese Propositionen und wie er ein wenig drein lieset, schreiet er vor Freuden aus: „Herr Herr, der wird's tun, er kommt, darauf wir lange gewartet haben." Wie er denn auch einen tröstlichen Brief an Luther schreibt, und ermahnet ihn, er solle getrost fortfahren. Dagegen fingen alle an, die um Ehre und Ansehen ins Kloster gelaufen und den römischen Charakter und Mahlzeichen trugen, auf Luther zu schelten und wider ihn zu schreiben.

Als unser Doktor die Propositionen wegen des Ablasses drucken lassen, hatte er zugleich an den Bischof von Mainz geschrieben, der den Ablaßführer ausgeschickt hatte und ihn gebeten, den gefährlichen Handel abzuschaffen, damit es nicht der päpstlichen Heiligkeit und seinem bischöflichen Primat zum Nachteil gereiche, dasselbe schrieb er dem Bischof zu Brandenburg, zu dessen Sprengel Wittenberg damals noch gehörte. Aber er erhielt zur Antwort, man riete ihm, er solle stillehalten, es wäre eine große Sache. Aber Luther prediget und schreibet als ein Prophet öffentlich gegen den Ablaß und läßt diese

Predigten, neben der Auslegung der zehn Gebote, im Namen Gottes ausgehen, damit zündet er am Rhein, Oder, Donau und Tiber, und richtet gegen sich, was groß, klug, heilig und gelehrt in Klöstern und der ganzen Welt sein wollte. Weil er aber seine Sache auf Gottes Wort gegründet, so hält er seinen Widersachern die Schrift vor mit herzlichem Gebete, darin er seinem getreuen Gott diese hohe Sache empfiehlt.

Im Jahre 1518 hält Kaiser Maximilian einen Reichstag zu Augsburg, den besucht statt der päpstlichen Heiligkeit, Kardinal Cajetanus. Dieser begehrt, man solle Luther nach Rom schaffen, damit seine ketzerische Lehre daselbst gerichtet werde. Allda pflegt der hochweise Kurfürst Friedrich zu Sachsen Unterhandlung mit des Papstes Botschafter, daß der Weg weit, die Reise nach Rom gefährlich wäre, und vieler Leute Fährte hinein, und weniger wieder, hinaus gingen, deswegen solle man Luther zu Augsburg verhören, wo er sich zu Ende des Reichstags einstellen solle. Dies ward bewilligt. Also kommt Luther zu Fuß, in einer geborgten Kutte, die Doktor Wenzel Linck gehörte, nach Augsburg, mit einem Schreiben des Kurfürsten zu Sachsen, an gute Freunde, die ihn in dem Kloster worin er eingekehrt, bleiben hießen, bis sie beim Herrn Kaiser, ihm ein freies und sicheres Geleit ausbrächten. In dieser Zeit fordert der päpstliche Legat Doktor Luther zu sich, aber er bleibt bei seinem Befehl, und wartet auf Bescheid. Darauf sagt der Gesandte: „Meinst du Fürsten und Herren werden sich deiner annehmen und dich wider den römischen Stuhl verteidigen? Wo willst du sicher sein und bleiben?"

Bald darauf kommt das Geleite, also erscheint er vor dem Kardinal in aller Demut und Ehrerbietigkeit, wie ihn seine Freunde zuvor unterrichtet hatten; Doktor Staupitz und Doktor Wenzel Linck, Doktor Peytinger, samt etlichen kurfürstlichen Räten stehen neben ihm, wie die von Klum zu Kostnitz, neben Johann Huß. Allda läßt sich der päpstliche Legat mit freundlichen Worten hören, und bietet ihm römische Gnade und große Förderung an insofern er nur die drei Silben nachspreche *re-vo-co*[18] und alles, was er vom römischen Ablaß, und der wahren Buße geschrieben, widerrufen wolle. Luther läßt sich demütig hören, er wolle dies und mehreres von Herzen gern tun, sofern er aus Gottes Wort überwiesen werde, daß er unrecht gelehrt habe. Darauf legt ihm der Legat einen Kanon aus des Papstes Rechten vor, daraus er ihn überweisen will, er habe ketzerisch und wider das römische Dekret gelehrt. Wie aber Luther des Papstes Wort recht erklärt, und tut dar, daß sie der Legat ungelegen deute, kommen sie etliche Tage nacheinander eben hart zusammen, Cajetanus beschuldigt Luther, er lehre zwei merkliche Ketzereien, daß er des Papstes Ablaß und Gnade anfechte, und festsetze, man könne die heiligen Sakramente ohne eigenen Glauben nicht seliglich genießen, darum solle er *revoco* singen und alles in seinen Hals wieder hinein schlingen. Das will und kann Luther nicht tun, und stellet zu seiner Rechtfertigung eine Schrift in wenig Tagen. Da aber der Legat hieran kein Genüge findet, und darüber bewegt, ihn von sich gehen heißt, verweilt Luther etliche Tage, in denen ihn Doktor Staupitz von

---

[18] „Ich widerrufe."

dem Klostergehorsam freispricht, und zieht dann von Augsburg, nachdem er zuvor öffentlich und feierlich, von Cajetan an den Papst Leo X. appelliert hatte, und erreicht Wittenberg am letzten Oktober.

Weil Luther also auf Gottes Wort gegen den Ablaß zu Augsburg beharrte, macht Papst Leo zu Rom, im November ein neues Dekret worin er seinen Ablaß bestätigt, und ihn für den größten Schatz der Christenheit zu halten gebietet. Als Luther erfährt, daß Papst Leo den Ablaß wider Gottes Wort verteidigt und daß er zu Rom schon als ein Ketzer verdammt, und persönlich vor einige Bischöfe dahin zitiert sei, appelliert er vom römischen Stuhl an ein freies allgemeines und christliches Konzilium den 28. November 1518, fährt daneben fort im Namen Gottes mit Predigen, Schreiben und Lesen, wie er denn diesmal die Epistel Pauli an die Galater im Druck ausgehen ließ, und der löblichen Universität Wittenberg zueignete, während viele benachbarte und fremde Schulen und Klöster wider ihn schrieben, seine Bücher verdammten und verbrannten.

Weil aber der römische Hof immer mit Schelten und Verdammen fortfuhr, ward des Kurfürsten zu Sachsen Gesandter, an den Kaiser abgefertigt zur Unterhandlung, daß Luthers Sache in deutschen Landen verhört werden möchte. Darauf ward fürs künftige Jahr wieder ein Reichstag angeordnet, welchen Kaiser Maximilian in eigener Person besuchen wollte. Ich habe von einem großen Manne gehört, der Kaiser habe unter anderen zu des Kurfürsten Gesandten Herrn Degenhart Pfeffinger sich vernehmen lassen: „Sagt unserem lieben Herrn Ohm, daß er uns den Mönch Luther fleißig bewahre, denn es könnte sich bald Gelegenheit zutragen, daß wir seiner bedürfen möchten."

Aber des Papstes Krone und Gewalt sollte nicht durch menschliche Kraft, sondern durch den Mund des Geistes Gottes und mit der heiligen Schrift gestürzt werden, darum ist der fromme Kaiser der des Doktors Lehrsätze gelesen und gelobt im Anfang des Jahres 1519 seliglich entschlafen.

Papst Leo der X., als des Doktors Lehre mit Gewalt nicht dämpfen konnte, fertigte seinen Kämmerling Karl von Miltitz ab an den Kurfürsten zu Sachsen, dem er auch eine goldene Rose[19], die von ihm selber geweiht, mitgibt, neben etlichen Schriften, darin er begehrt, der Kurfürst solle Luther nach Rom stellen oder in seinem Kurfürstentum ferner nicht dulden, sowie auch Miltitz päpstlichen Befehl hatte, daß er Luther mit Gewalt nach Rom bringen solle. Aber der römischen Krone Schlüssel, Rose und Briefe hatten durch Gottes Wort, schon ihr Ansehen bei den Deutschen verloren, darum richtete Miltitz wenig aus, und durfte sich nicht unterstehen, Luther anzugreifen.

Zu Altenburg ward ihm vergönnt ein Gespräch mit Luther zu halten, in welchem Luther einwilligte, sich

---

[19] Die Päpste pflegen jährlich eine goldene Rose zu segnen, und zwar in der Fastenzeit am Sonntag *Laetare* (d. h. „Freue dich!" Der 4. Sonntag der Fastenzeit, der anzeigt, daß mehr als die Hälfte der Fastenzeit vergangen ist). Während jener Handlung wird die Rose (in sinnbildlicher Bedeutung) mit Balsamöl und gestoßenem Moschus begossen und nach der Weihung dem Volke gezeigt als eine Stärkung und Erquickung in der Fastenzeit; dann aber für gewöhnlich vom Papst einem Fürsten geschenkt, zum Zeichen seines besonderen Wohlwollens.

forthin des Schreibens zu enthalten, sofern man dies auch seinen Widersachern auflegte: Er wolle sich auch in deutschen Ländern vor etlichen Bischöfen nach Gottes Wort hören lassen. Doktor Luther soll gesagt haben, wenn man im Anfang Miltitzens Ratschlag vorgenommen, der Sache hätte können geraten werden. Als das Papsttum im Steigen und Aufnehmen war, hätte es keine menschliche Macht und Weisheit dämpfen können, nun es ins Fallen und Abnehmen gekommen, konnte ihm keine Kraft noch Rat auf Erden mehr helfen.

Denn bald tut sich Doktor Johann Eck zur Unzeit hervor, der will seine Lehre von der wahren Bekehrung widerlegen und des Papstes Ablaß und Primat verteidigen, daß er, der Papst, nach Christi Wort und Einsetzung das oberste Haupt über die allgemeine Christenheit sei, und hält zu Leipzig mit Karlstadt, danach mit Dotter Luther, dem er selbst ein Geleit ausbrachte, eine Disputation. Doktor Luther bleibt bei dem Worte der Apostel, darin des römischen Ablasses nicht mit einem Wörtlein gedacht sei, und bezeugt öffentlich, daß Jesus Christus das einzige und höchste Haupt der heiligen Christenheit von Adams Zeit gewesen sei und bleibe bis an den jüngsten Tag. Diese Disputation ward am 17. Juli des Jahrs 1519 angestellt.

Wie nun zuvor die Schulsophisterei durch Gottes Wort zu Boden getrieben, so beginnt auch des Papstes Hoheit, Dekrete und Bullen nach der Leipziger Disputation in deutschen Landen abzunehmen, denn Luther als der rechte Simson hatte die Säule umgeworfen, auf welche die Romanisten des Papstes Hoheit gegründet hatten. Vergebens tun sich außer Doktor Eck viele deutsche und welsche[20] Schriftsteller hervor, die mit dem langen Spieß und kurzen Degen der alten Gewohnheit des Papstes Hoheit und Gewalt stützen und verfechten wollten, wozu sich auch einige weltliche Fürsten gebrauchen ließen. Aber Luther, der zuvor nur disputiert und gefragt hatte, wird vom klaren Wort Gottes berichtet und überzeugt, daß der Papst zu Rom, welchen zuvor jeder Mann für einen irdischen Gott gehalten, und dessen Hoheit er gern geschont hätte, der rechte Erz-Antichrist sei, der sich über Jesum Christum und den rechten Gottesdienst erhebe, und die ganze Christenheit mit seinen Lügen unter sich gezwungen habe. Darum griff Luther 1520 mit großem Ernst und Eifer des Papstes Hoheit, Krone und seine schreckliche Gewalt an, die er mit seinem Banne geübt, wie er auch bald hernach die ganze römische erdichtete Religion, ihren Gottesdienst, Klostergelübde, den geistlichen und ehelosen Stand und sonderlich die starke Festung der römischen Kirche, die Winkelmessen[21], mit Gottes Wort angreift und zu Boden stößt. Er lehrte und schrieb nicht im Winkel, wie heut zu Tage die Schleicher tun, die das Licht und das öffentliche Verhör scheuen, und streuen ihre Büchlein aus, unter fremden oder erdichteten Namen, sondern er schrieb selbst an

---

[20] Italienische.
[21] Luther benutzte dieses Wort für die römisch-katholischen „Privatmessen," welche gegen Geld „bestellt" werden konnten und in welchen der sie zelebrierende Priester die Eucharistie allein empfing. Siehe hierzu: D. M. Luther *Von der Winckelmesse vnd der Pfaffenweihe*. Wittenberg 1533.

Papst Leo, das gottselige Buch von christlicher Freiheit, darin er getrost dartut, daß der Mensch zwar allen weltlichen Ordnungen die nach der Vernunft und Billigkeit über Land und Leute gestellt, Gehorsam zu leisten schuldig sei; über solche leibliche Untertänigkeit sei aber der innerliche und neue Mensch, der aus dem Wort und Geist Gottes zu seinem Kind angenommen, ein freier und ungebundener Mensch, dessen Herz, Seele und Gewissen keine menschliche Ordnung wider Gottes Wort binden und verstricken könne. Denn wie ein Glied des weltlichen Reichs, schwöret und huldigt seiner Obrigkeit, ihren weltlichen Ordnungen zu gehorchen, also gelobe und schwöre ein jeglicher Täufling Gott dem Vater und seinem Sohne und dem heiligen Geiste in Glaubenssachen allein zu gehorsamen. Daher die christliche Freiheit herquelle, daß kein getauftes Glied Christi einer menschlichen Ordnung, so wider das klare Wort Gottes strebe, zu gehorsamen schuldig sei. Ja wer seines leiblichen Herrn oder Bischofs Gebot, so wider Christi Wort und Befehl ist, gehorsamt, der sei Christi und aller seiner Schätze nicht wert, und seines Teils am Himmelreich verlustig.

In diesem Jahr geht auch das christliche Buch aus von guten Werken, daraus ich in Bayern auf dem Schlosse Odelshausen, wo ich der christlichen Matrone Auerin, geborene Stadtnerin, Kinder unterwiesen, den Anfang des Christentums im 26. Jahr, Gott sei Lob, erstlich gelernt habe.

Auch schrieb Doktor Luther vom Bann und von dem babylonischen Gefängnis, griff die ganze neue römische Religion darin an, und lehrte, daß Christus das ganze

Abendmahl eingesetzt, mit christlicher Bitte man wolle der Braut Jesu Christi das ganze Nachtmahl des wahren Leibes und Blutes des Herrn wieder einräumen, und eine rechte christliche Messe in der Austeilung des Abendmahls wieder einrichten. Mit diesen Schriften zündete Luther ein neues Feuer an; denn Elbe, Elster und Mulde und viele rauschende Wasser kamen zusammen, diese Brunst zu dämpfen, welche aller Klöster, Stifter und der ganzen römischen Kirche Meßjahrmarkt verzehren und einbrennen half.

Weil also Gottes Wort und Luthers Zunge und Feder in der römischen Kirche rumorte, die Wechselbänke und Meßtische umstieß, darin die Geistlichen mit der Armen Leib, Seele und Gut gespielt hatten, so hängt sich Doktor Eck an den römischen Stuhl, und bringt eine greuliche päpstliche Bulle aus, darin Christus und sein Wort gelästert und verdammt wird. Sobald dieselbe in Deutschland kommt, verteidiget Doktor Luther die klaren Artikel, die darin als Ketzerei verdammt werden, so daß sich auch viele Bischöfe der päpstlichen Schrift schämten.

Auch Hutten machte es so ritterlich, daß ihrer viele wünschten, die Bullen hätten nicht also in Deutschland gebrüllt. Wieweit aber Luthers Lehre von allen Seiten mit List und Gewalt angefochten, und der hochlöbliche König aus Spanien Herr Karl neulich zum römischen Kaiser ordentlich erwählt war, so schrieb Doktor Luther an dies edle Blut, zu dem er alle Zeit ein gutes Herz und Vertrauen trug, mit untertänigster Bitte, daß er seine Lehre nicht unverhörter Sache durch mutwilliger Leute Anregen möchte verdammen lassen.

Zugleich appellierte Luther von des Papstes Urteil auf ein freies und christliches Konzilium. Mittler Zeit kommen Marinus und Alexander, nach Köln mit römischen Briefen, worin der Papst abermals begehrte, der Kurfürst zu Sachsen solle Luthers Bücher verbrennen, ihn gefänglich einziehen, und dem Papst nach Rom übersenden. Aber der löbliche Kurfürst läßt des Papst Legaten mit geschickter und wohlgegründeter Antwort begegnen, daß sie nichts darwider aufbringen konnten. Darum halten sie sich an die höhere Macht und wollen den teuren Kaiser einnehmen und bewegen, daß er sich unterstehe, Doktor Luthers Lehre unverhörter Sache mit Gewalt zu dämpfen und auszurotten. Kaiser Karl aber, der aus sonderlicher Beförderung des Kurfürsten zu Sachsen zur kaiserlichen Hoheit erwählt worden, gibt den päpstlichen Legaten zur Antwort, er wolle zuvor seinen Vetter den Kurfürsten zu Sachsen ansprechen. Darauf bot des Papstes Botschafter dem Erasmus von Rotterdam ein großes Bistum an, sofern er sich mit Schriften wider Doktor Luther einlasse. Aber Erasmus schlägt es ab, und bekennt, ein Blättlein von Luther geschrieben, gäbe ihm mehr Bericht, sie der ganze Thomas mit allen seinen Sophisten.

Da aber die von Löwen und anderen Universitäten viele Klöster und Bischöfe Luthers Bücher mit rotem Feuer angriffen, das der Papst zu Rom angeschürt hatte, so geriet der Geist Gottes über Luther; der ließ am zehnten Dezember zu Wittenberg vor dem Elstertore ein großes Feuer anschüren, darein er des Papstes Katechismus und Dekrete, samt Leos Bulle mit dieses Worten warf: „Weil du gottlos Buch den Heiligen des

Herrn betrübet oder geschändet hast, so betrübe und verzehre dich das ewige Feuer!" Darauf vermahnet Doktor Luther am folgenden Tage seine Zuhörer, sie wollten, sich vor des römischen Hofs Büchern und Religion als vor dem rechten Antichristen ihr Lebelang vorsehen und hüten. Darauf läßt er eine öffentliche Schrift ausgehen, darin er Grund und Ursache anzeigt, warum er des Papst Dekretalen öffentlich verbrannt habe. Es sei nämlich zu St. Pauli Zeiten in den Geschichten der Apostel zu lesen, daß gottlose Bücher auch verbrannt worden; er sei ein getaufter Christ, ein ordentlicher Doktor, der auf die heilige Schrift geschworen und ein berufener Prediger, darum dringe ihn sein Gelübde, sein Eid, Amt und Gewissen, daß er gottlose Bücher solle vertilgen helfen. Nun ständen aber im päpstlichen Buche greuliche Lästerworte, daß nämlich der Papst und die Seinen nicht schuldig wären, den Geboten Gottes Gehorsam zu leisten, daß der Papst Gewalt über alle geschriebene Rechte, auch durch St. Petri Schlüssel das Recht habe Kaiser und Könige abzusetzen, daß er seine Würde nicht von der heiligen Schrift, sondern die heilige Schrift vom Papst empfange, kurz das geistliche Recht, das Doktor Luther verbrannt habe, lehre, der Papst sei der irdische Gott über alle himmlische, irdische und zeitliche Dinge.
Während die päpstlichen Legaten bei dem neuen Kaiser anhielten, Luthers Lehre eilend zu verdammen und mit Gewalt auszurotten, trachtete der hochweise Kurfürst zu Sachsen, daß Luther vor dem ganzen römischen Reiche gehört und seine Lehre durch verständige und unparteiische Männer nach Gottes Wort möchte beur-

teilt werden. Obwohl Kaiser Karl als ein weiser junger Herr hierzu geneigt schien, ward doch solcher löblicher Ratschlag eine Zeitlang verhindert und aufgehalten. Endlich aber auf emsiges Anhalten einiger Fürsten, wurde bewilligt, daß Luther in eigener Person sich zu Worms vor Kaiser Karl und dem ganzen römischen Reiche stellen sollte. Dieser läßt sich in einer Schrift an Spalatin vernehmen, man solle sich alles zu ihm versehen und von ihm erwarten, allein der Flucht und Widerrufs nicht, stehen und bekennen wolle er im Namen Gottes, es gehe ihm darüber, wie Gott wolle.

Nach vielfältigem Ratschlagen hat Kaiser Karl ihn vor seine Majestät nach Worms geladen. Außer einem kaiserlichen und sicheren Geleite, welches am 6. März 1521 ausgegeben, erhält Doktor Luther einen kaiserlichen Herold, Kaspar Sturm, der ihn nach Worms und wieder zurück geleiten sollte. Auf solche kaiserliche Zitation und Geleit macht sich Luther im Namen Gottes auf den Weg, empfiehlt sich allenthalben in guter Leute Gebet, wird zwar unterwegs krank, dennoch reiset er fort. Ein Priester von Nauenburg sendet ihm unterwegs des frommen christlichen Savonarola Bildnis und ermahnt ihn, er wollte bei der erkannten Wahrheit mit bereitem Fuß aushalten, denn sein Gott werde wieder mit ihm sein, und fest bei ihm stehen und halten. Der von Bibrach, der weise Bischof zu Würzburg, der getreue Freund des Hauses zu Sachsen nimmt Luther mit Freuden auf, denn Gottes Wort ging schon auf in vieler großer Leute Herzen. Wie das Geschrei nach Worms kommt, Luther sei auf dem Wege, und wolle sich gehorsamlich einstellen und hören lassen, wird den Widersachern bange zu Mute; denn sie merkten, daß Luther seiner Sache groß dienen würde, so er sich öffentlich hören ließe. Deswegen trachteten die Romanisten auf Abwege, und ließen unverhörter Sache Luthers Lehre verdammen. Sie ließen auch ein kaiserlich Edikt auskommen, Doktor Luther Furcht und Schrecken einzujagen, und ihn stutzig zu machen. Aber unser Doktor reist fort als ein gewisser Lehrer der Wahrheit. Auf dieser Reise kommt er auch nach Heidelberg, und läßt sich allda in öffentlicher Disputation hören, wie auch Johann Huß auf seinem Wege nach Kostnitz in allen Städten seine Lehrsätze anschlug und jedermann von seiner Lehre gute Rechenschaft gab. Dieweil aber Luther sich nicht wollte schrecken lassen und zog immer näher nach Worms, so unterfing man sich anderer Praktiken. Die päpstlichen Gesandten ließen sich öffentlich vernehmen, man dürfe dem Ketzer das Geleit nicht halten; diese römischen Vorschläge sollen auch etlichen weltlichen Fürsten gefallen haben. Aber der weise und friedliche Kurfürst am Rhein, Pfalzgraf Ludwig, mit dem des deutschen Landesfriede und Ruhe begraben ward, wollte als ein redlicher und löblicher Deutscher seine Handschrift und Siegel nicht brechen lassen; denn es wäre noch zur Zeit, sprach er unvergessen, daß man dem teuren Märtyrer Johann Huß auch nicht Wort gehalten, darum alle die, so darein gewilligt, nachmals eben so wenig Sieg und Glück bekommen hätten. Wie sich's nun gleichwohl über diesen Punkt hart zu stoßen begann, wurde Luther verwarnet, man besorge sich, es möchte ihm das Geleit als einem verdammten Ketzer nicht gehalten werden. Darauf hat er an Spalatin geschrieben, wie ich diese Worte an seinem Tisch aus seinem Munde gehört: Er sei zitiert, darum wolle er sich stellen, und sollten zu Worms so viele Teufel sein, als Ziegeln auf den Dächern liegen! - Wenn die Sache gut ist, so wächst das Herz im Leibe und gibt Kraft und Mut Predigern und Kriegsleuten.

Da sich nun Luther nicht wollte schrecken lassen, machten die päpstlichen Legaten andere Praktiken, und lassen an ihn gelangen, er wolle auf Bocksberg mit Klapio des Kaisers Beichtvater und dem Mönch Butzer von nötigen und wichtigen Sachen ein gütlich Gespräch halten. Aber Gott regiert den Luther, daß er stracks auf Worms zieht, denn der angesetzte Termin war kurz, dieweil er sich innerhalb 21 Tagen im kaiserlichen Geleit stellen sollte.

Darauf kommt Luther mit einigen, so ihm in Wittenberg zugegeben, nach Worms, am Dienstag nach *misericordias domini*[22], und wird im deutschen Hof mit seinen Leuten eingelegt. Am folgenden Mittwoch, abends um 4 Uhr ward er vorbeschieden und stellte sich ein in schuldigem Gehorsam und christlicher Freudigkeit. Da hält ihm der kaiserliche Redner Doktor Eck erstlich lateinisch, dann deutsch folgendes vor: Kaiserliche Majestät habe nach dem Rat aller Stände ihn vorgefordert, ihn um diese zwei Artikel zu befragen, ob er sich bekenne, daß diese Bücher, welche ihm gezeigt würden, seine Werke waren, und ob er dieselben widerrufen oder dabei beharren wolle. Ehe aber Luther antwortet, ruft Doktor Hieronymus Schurf, der ihm

---

[22] Zweiter Sonntag nach Ostern.

vom Kurfürsten zugegeben war, überlaut: „Man lese der Bücher Titel." Wie solches geschehen, gibt Luther lateinisch und deutsch eine kurze Antwort: Er erkenne gegenwärtige Bücher für die seinigen, und wolle dies nimmermehr verneinen; es wäre aber vermessen, sogleich anzeigen zu wollen, ob er dieselben verteidigen oder widerrufen könne, er bitte deswegen von des Kaisers Majestäten eine Bedenkzeit, so wolle er sich mit richtiger Antwort vernehmen lassen. Hierauf wird aus kaiserlicher Majestät angeborener Güte Doktor Martin ein Tag zur Bedenkzeit gelassen, mit der Bedingung, daß er seine Antwort nicht schriftlich, sondern mündlich vorbringen sollte. Ein Herold leitet ihn wieder in seine Herberge. Am folgenden Tage stellt sich der Doktor auf die Forderung wieder ein, und da der kaiserliche Redner seine Sache wiederholt, gibt Luther fein, züchtig und bescheiden in christlicher Freudigkeit und Beständigkeit in lateinischer und deutscher Sprache diese Antwort: Zu seinen Büchern bekenne er sich noch einmal; da sie aber nicht alle einerlei Meinung wären, denn in einigen habe er Gottes Wort lauter und rein gelehrt, in den anderen habe er die falschen Lehren der römischen Kirche angefochten, in den letzten habe er wider einzelne Personen geschrieben, welche die päpstliche Tyrannei haben schützen und verteidigen wollen, da sei er wohl etwas schärfer und heftiger gewesen, als es sich in der Angelegenheit der Religion gebühre, denn noch sei kein Lebendiger heilig gewesen. Nun könne und wisse er die Bücher, darin Gottes Wort gelehrt und erklärt sei nicht zu verleugnen, damit ihn Christus vor seinem Vater auch nicht wieder verleugne, desgleichen könne er dem nicht widersprechen, was er wider des Papsts Abgötterei und Tyrannei aus gutem Grunde geschrieben habe, damit er des Papsts gottloses Wesen und Tyrannei nicht stärken und bekräftigen helfe, und nicht schuldig werde an der armen Seelen Verderben, die der Papst in der Christenheit verführt hätte. Zum dritten wolle ihm auch nicht gebühren, die Bücher zu widerrufen, darin er des Papsttums Beschützer angegriffen, damit er ihnen nicht Ursach gäbe, forthin allerlei gottlos Wesen zu verteidigen und neue Greuel und Übel anzurichten. Derowegen, sofern er nicht mit prophetischen und apostolischen Schriften überwiesen würde, daß er geirrt habe, wisse und könne er die Wahrheit Gottes nicht verneinen oder dieser widersprechen, und bitte derhalben diesen großen wichtigen Sachen ferner weislich nachzudenken, damit man nicht Gottes Zorn über's Römische Reich und deutsche Nation leite, der alle, so sich wider ihn und sein Wort auflehnen, wie Pharao und viele gottlose Könige in Israel, plötzlich und schrecklich wegreiße.

Darauf läßt sich der kaiserliche Redner wieder vernehmen, Doktor Luther habe nicht schlicht und richtig auf die vorgelegte Frage geantwortet, ob er seine Bücher widerrufen wollte oder nicht. Darauf sagte und bekannte Doktor Luther: er werde denn mit Zeugnis der heiligen Schrift, oder mit öffentlichen hellen Gründen überwiesen (denn er glaube weder dem Papst, noch dem Konzilium, weil es am Tage, daß sie oft einander widersprochen hätten,) sonst könne und wolle er nichts widerrufen, weil es weder sicher noch geraten sei, etwas wider das Gewissen zu tun. „Hier steh' ich," spricht er, „ich kann nicht anders. Gott helfe mir, Amen."

Der kaiserliche Redner antwortet hierauf, Luther hätte unbescheidene Antwort gegeben, da er die Konzilien verdammt und der Kirchenmeinung widerspreche. Luther besteht auf seinem Bekenntnis, und erbietet sich zu erweisen, daß die Konzilien vielmals geirrt hätten. Darauf weil es dunkel wurde, ging ein jeder zu Hause.

Freitags nach *misericordias domini*[23] wird dieser Handel auf den Vortrag des Herrn Kaisers von den Reichsständen vorgenommen und zwei Tage beratschlagt. Montag nach *Jubilate*[24] läßt der Erzbischof von Trier Luther anzeigen, er solle auf künftigen Mittwoch vor ihm und etlichen fürstlichen Bischöfen erscheinen, da man aus christlicher Liebe und sonderlicher Gnade der kaiserlichen Majestät erlanget habe, ihn gnädiglich und brüderlich ermahnen zu dürfen.

Der Doktor stellt sich gehorsamlich ein mit seinen Gefährten und dem Herold. Da fängt Doktor Verus, der Kanzler des Markgrafen zu Baden mit vielen freundlichen Trauworten an, Luther zu ermahnen, er wolle bedenken Ehrbarkeit, Ehre, Wohlfahrt, gut Gesetz, Recht und Ordnung, sein Gewissen, des Reichs Bestes und sonderlich nun auch die Gefahr, so ihm darüber begegnen könnte, wenn er den Zorn der Hohen auf sich laden würde: Darum wolle er solche Ermahnung, die von diesen Fürsten aus sonderlicher Gnade geschehe, wohl bedenken und erwägen! - Diese artige und geschickte Rede hat der Doktor selber nachher

---

[23] Siehe Fußnote 19.
[24] Der dritte Sonntag nach Ostern.

gelobt, wiewohl es ihn Wunder nahm, daß Gottes und seines Sohns Jesu Christi, und der Propheten und der Apostel Wort nicht mit einer Silbe von einem großen Juristen gegen einen Doktor der heiligen Schrift gedacht worden sei. Doktor Luther aber bedankte sich diesmal gegen die Fürsten, er wäre schuldig und willig der weltlichen Hoheit zu gehorsamen, in dieser Sache aber, die den allmächtigen Gott und seines Sohnes unwandelbares Wort betreffe, müsse er und jeder Mann, der selig zu werden denke, nach St. Petri ausdrücklichem Wort, Gott mehr denn dem Menschen gehorsamen. Ob nun schon dieses Ärgernis erregen werde, so wäre doch gewiß, daß Jesu Christi Evangelium ohne Ärgernis nicht könne gelehrt und bekannt werden; wie es denn auch ein Fels des Anstoßes genannt worden. Um Ärgernis und Gefahr könne er vom Wort nicht abstehen, oder es verleugnen. Hierauf besprachen sich die gegenwärtigen Fürsten, und der Kanzler wiederholte seine vorige Rede mit angehängter Ermahnung, Luther wolle seine Schriften und Sachen dem Kaiser und dem Reiche zur Beurteilung unterwerfen. Darauf antwortete Luther: Er wolle sich nicht gern nachsagen lassen, daß er des Kaisers und des Reichs Urteil gescheuet habe; darum wolle er seine Bücher willig und gern auf's genauste examinieren und erwägen lassen, insofern dieses Urteil durch Gottes Wort nach heiliger Schrift geschehe. Gottes Wort wäre die höchste und gewisseste Wahrheit, es bedürfe nur des Glaubens und des Gehorsams, andere Bücher aber bedürften, daß sie nach Gottes Wort beurteilt würden. Da er solches mit Bescheidenheit redete, fragte ihn einer der Kurfürsten: Ob er anders nicht weichen wolle, er werde denn mit der heiligen Schrift überwunden? Ihm antwortete Doktor Martin: „Ja gnädigster Herr, oder mit klaren und öffentlichen Ursachen und Gründen." - So endete diese Verhandlung. Der Erzbischof aber forderte Martin, seine Gefährten, den badischen Kanzler und Cochleus in sein Gemach. Da fielen allerlei Reden, aber Doktor Martin besteht, als ein Felsen auf dem rechten Felsen des Worts. Damit schieden sie abermals voneinander. Am Abend wurde das kaiserliche Geleit auf zwei Tage verlängert, in welchem der weise Erzbischof mit Luther gnädig handeln ließ und sich endlich mit ihm allein besprach, wie und womit doch dieser Sache endlich könne geraten und abgeholfen werden. Ihm antwortete Martin: kein besserer Rat und Hilfe ist, als der, welchen Gamaliel gegeben, wie St. Lukas zeigt: ist dieses Wort, aus Menschen, so wird's bald untergehen, ist es aber aus Gott, so werdet ihr's nicht dämpfen können. Dieses möchten die Stände des Reichs dem Papst schreiben, er wüßte gewiß, wäre sein Vornehmen und Tun nicht aus Gott, so würde es in dreien, ja in zwei Jahren selbst untergehen. Darauf sagte der Erzbischof, was Luther tun wolle, wenn die Artikel aus seinen Büchern gezogen, dem Konzil übergeben würden? Ihm antwortete Luther: wenn es nur die nicht sind, so das Konzilium zu Kostnitz verdammt hat. Da sprach der Erzbischof: „Eben die werden's sein fürchte ich." Sagte Luther: „So kann und will ich nicht schweigen, denn da ist Gottes Wort verdammt; darum soll ich Ehre, Leib und Leben, lieber lassen, denn Gottes klares und Helles Wort übergeben."

Hierauf entließ ihn dieser weise Bischof gnädiglich, wie er auch die Bitte des Doktors ihn gnädig abzufertigen erfüllte. Doktor Martin erhielt seinen Abschied, daß er auf des Kaisers Befehl innerhalb zwanzig Tagen mit öffentlichem Geleit in seine Gewahrsam kommen möchte, unter der Bedingung, daß er auf dem Wege mit Predigen und Schreiben das Volk nicht erregt. Darauf sprach Luther mit großem und herzlichem Ernst: Wie es dem Herrn gefallen, also ist's geschehen, der Name des Herrn sei gebenedeiet." Nachdem er den Kaiser und allen Ständen des Reichs sich demütigst empfohlen und seine Freunde gesegnet hat, ist er des anderen Tages Freitag nach *Jubilate*[25] mit dem kaiserlichen Herold und seinen Gefährten fortgezogen.

Dies ist einer der herrlichen und großen Tage vor dem Ende der Welt gewesen, an welchen Gottes Wort öffentlich vor Kaiser und Reich mit christlicher Freudigkeit bezeugt und bekannt ist dafür wir heut zu Tage unserem lieben Gott von Herzen danken. Wir danken heute auch unserem getreuen Gott, daß er auf weiser Leute Rat diesen geistlichen Handel vor den hochlöblichen Kaiser und das ganze Reich hat geraten lassen, rühmen auch hiermit das adlige Blut von Österreich, daß der Kaiser sein freies und öffentliches Geleit einem einzelnen Manne, wider den die ganze römische Kirche war, als ein frommer und wahrhaftiger Herr fest und unverbrüchlich gehalten hat. Wer Glaube und Zusage hält, zu dem halt sich Gott, und spricht Glück und Segen zu seiner Regierung.

---

[25] Siehe Fußnote 24.

Obwohl der Kaiser so treulich sein Geleit hielt, so war Luther gleichwohl in des Kaisers Acht und in des Papstes Bann als ein Erzketzer getan worden, und konnte nirgends nachher geschützt werden. Da gab unser Gott, von dem aller gute Rat herkommt, dem hochweisen Kurfürsten zu Sachsen ein, daß er durch vertraute und verschwiegene Leute eine Anordnung ausführen läßt, den geächteten und gebannten Luther eine Zeitlang aufzuheben. Gedachter Kurfürst will auch selbst nicht wissen, wo man seinen Gefangenen hinführen werde, damit er sich im Fall er gefragt würde, mit vernünftiger Wahrheit entschuldigen konnte, er hoffte Gott werde seines Bekenners Sache in seine Hände nehmen; wie denn geschah.

Unserem Doktor war bei diesem Verstecken oder Aufheben nicht wohl zu Mute; er hätte sein Blut willig und gern der Wahrheit zum Zeugnis vergießen lassen. Dennoch willigte er in solchen weisen Rat auf emsiges Anhalten guter Leute, die ihm vorstellten, wie Paulus, der heilige Apostel von seinen Brüdern zu Damaskus über die Mauern geschafft worden sei. Derowegen da nun Luther des Kaisers Herold bei Oppenheim von sich entlassen und auf des Landgrafen Geleit durch Hessen bis zum Harz friedlich ankam, und von da durch einen Wald nach Waltershausen zu reiten hatte, schaffte er einige Mitgefährten die ihn durch den Wald begleiteten, von sich, die anderen schickte er voran die Herberge zu bestellen. Nicht fern von Altenstein in einem hohlen Wege, da sprengen ihm zwei Edelleute, der von Steinburg, und Hauptmann Prelops mit zweien Knechten an. Und als einer vom Fuhrmann Bescheid bekommt, heißen sie stille halten und greifen Luther mit verstellter Ungestümigkeit an, und ziehen ihn aus seinem Wagen. Der eine Knecht schlägt den Fuhrmann und treibt ihn fort, daß er den Herrn Amsdorf fortführet. Dem Gefangenen geben sie einen Mantel um, setzen ihn auf ein Pferd, führen ihn etliche Stunden auf dem Reitersteige, bis die Nacht sie überfällt. Einen seiner Leute hatten sie auch auf ein Pferd gebunden, damit sie einen Gefangenen mitbrächten. Also kommen sie fast zu Mitternacht ins Schloß Wartburg bei Eisenach zur Kreuzwoche[26]. Da hält man den Gefangenen wohl und ehrlich, daß sich auch der Kellner darüber wundert. Luther bleibt in seinem Gemach, wie der gefangene Paulus zu Rom in seinem Zimmer, und ob er wohl lieber zu Wittenberg gewesen, seines Lehramts zu warten, und lieber auf glühenden Kohlen gelegen hätte Gott und seinem Wort zu Ehren und Bestätigung, wie er an gute Freunde bald danach schreibt, so hielt er doch eine gute Zeitlang im Gehorsam aus, damit er seinem lieben Kurfürsten keine größere Gefahr über Land und Leute brächte.

Weil aber unser Doktor von der Reise, wo ihn die Reiter so lange im Wald umführten, bis sie die geschlagene Nacht überfiel, müde und hellig[27] ist, wie er in einem Brief hierüber klagt, so wollen wir ein wenig ausruhen und ihn wieder erquicken lassen; aber

---

[26] Ist die Woche vor dem Fest *Christi Himmelfahrt* (40 Tage nach Ostersonntag), in welcher Gebet- und Prozessionstage stattfinden. Den Prozessionen wird dabei ein Kreuz vorangetragen, daher der Name „Kreuzwoche."

[27] Abgemattet.

nächstens hören, was er in seinem Gefängnis ausgerichtet, und weshalb er sich selbst freiwillig daraus wieder nach Wittenberg gewendet habe. Hilf Herr Jesu Christ, der du dein Hüttenwerk bis auf diese Stunde redlich umgehen lässest, daß wir bei deinem werten Evangelium, welches uns Luther wieder gescheuert hat, in rechtem Glauben und gutem Gewissen neben untertänigem Gehorsam gegen die gnädige Obrigkeit in Geduld ausharren. Amen.

Dritte Predigt.

Geliebte Freunde im Herrn! Im Papsttum pflegt man an diesem Tage vom heiligen Anton dem Einsiedler und dem heiligen Paulus zu predigen: wie sie in ihren Wüsteneien Körbe geflochten und gedörrte Früchte und Wurzeln gegessen, auch ein strenges hartes Mönchsleben in Stillschweigen gehalten haben. Aber ihre Körbe, Fasten und Stillschweigen samt allem ihrem Verdienst und Fürbitten kann uns nichts, mehr geben; die wir uns in aller Freudigkeit tröstlich verlassen auf das Verdienst und die Fürbitte unseres ewigen Priesters und Heilands Jesus Christus. Weil aber unser Doktor in seinem Patmo[28] und Gefängnis mit seiner seligen Arbeit und Zeugnis uns und der ganzen Christenheit zu diesem Glauben treulich geholfen hat, so wollen wir dieses Mal hören, was dieser unser Einsiedler in seiner Wüstenei ausgerichtet hat.

---

[28] Auf der Wartburg.

Während Doktor Luther im Schloß zu Wartburg also heimlich gehalten wurde, ging er nicht müßig, sondern wartete täglich seines Studierens und Betens, und legte sich besonders auf die Übersetzung der griechischen und hebräischen Bibel, schrieb viele gute und tröstliche Briefe an seine guten Freunde, predigte auch an Feiertagen seinem Wirte und vertrauten Leuten. Weil man aber die Kraft des Worts Gottes ohne das heilige Kreuz nicht erkennen, und Fleisch und Blut ohne die Zuchtrute Gottes nicht dämpfen kann, so schickte Gott unserem Einsiedler allerlei Kreuz zu, dafür er seinem Gott in einer Schrift an einen Freund herzlich dankt. Er fällt in eine harte und gefährliche Leibesschwachheit, darüber er sich auch des Lebens verziehen. So plagte ihn der Teufel heftig mit schweren Gedanken und will ihn mit allerlei Spuk und Gerümpel betören. In solcher Anfechtung und Versuchung ist Gottes Wort und seine brennenden Seufzer und seiner Brüder herzliche Fürbitte sein tröstlicher Stab und Stecken, woran er sich lehnt und mit Geduld aushält. So viel ihm dabei möglich war, trachtet er seinem Berufe nach, arbeitet und schreibt wider das leidige Papsttum, tröstet und ermahnt die Gelehrten zu Wittenberg, sie sollten getrost im Namen Christi mit Lesen und Predigen fortfahren, komme er nach dem Rat Gottes nicht wieder zu ihnen, so werde dennoch Gottes Wort und die Christenheit nicht untergehen. Neben solchen tröstlichen Ermahnungen, fertigte er sich das Buch vom Antichristen zum Druck, in welchem er deutlich beweist, daß der Papst zu Rom der rechte Antichrist sei. Auch läßt er eine deutsche Predigt von der rechten christlichen Beichte ausgehen, in welcher er die harte Seelenmarter bestraft, mit welcher die Beichtväter die Gewissen plagen, alle Sünden mit allen Umständen ausfragen und wohl gar unschuldige Ohren mit unverschämten Sophistenfragen vergiften. Den Mißbrauch der papistischen Ohrenbeichte und nicht die rechte christliche Beichte, in welcher die Büßer ihre Sünden bekennen und um Vergebung bitten, greift Doktor Luther an, wie denn auch die christliche Beichte von Anfang der reinen Lehre in der Kirche zu Wittenberg bis auf den heutigen Tag in rechtem Gebrauch geblieben ist.

Unser Doktor legte auch den 67. Psalmen aus, vom Leiden Jesu Christi und weil man damals nur von der Marien und der Heiligen Leiden predigte, so riet er, man solle nach der Schrift des Herrn Christi gedenken, seine Leiden, seinen Tod verkündigen. Den Gesang Mariä, das *Magnificat*[29] ließ er auch mit einer schönen Auslegung im Druck ausgehen, und weil im Papsttum die Sonntagsevangelien der Legenden wegen ganz ausgelassen wurden, und wenig Postillen außer der des Tauler, vorhanden waren, schrieb Doktor Luther die deutsche Kirchenpostille, welche nachmals Doktor Kreutziger nach Rat und Willen des Meisters verkürzt hat. Auch ließ er in dieser Wüstenei das gelehrte Buch wider Magister Latomum von Löwen ausgehen, darin er Buchstaben und Geist, Gesetz und Evangelium, Mosis und Jesu Christi Amt fleißig abgehandelt. Auch schreibt

---

[29] Mit den Worten *Magnificat anima mea Dominum* (Meine Seele erhebt den Herrn...) beginnt auf Lateinisch der Lobgesang Marias im Lukasevangelium (Kap. I, V. 46-55).

er ein Büchlein von Klostergelübden, in welchem er aus Gottes Wort gründlich und richtig dartut, daß die Gelübde die ohne und wider Gottes Gebot geschehen, und die an sich selbst unmöglich, eines getauften Menschen Herz nicht gefangen halten können; wodurch er sich vieler geängsteten Gewissen gutherziger Männer und andächtiger Frauen annahm, und sie veranlaßte, vom gottlosen Klosterleben abzustehen. Dies Buch hat unser Doktor seinem lieben Vater zugeschrieben, der in seinem Klosterleben stets ein väterlich Ungefallen getragen, damit er sich wieder in seinen Gehorsam ergebe, daraus er durch sein Klostergelübde gefallen war.

Weil unser Doktor also mit Studieren und Schreiben in seiner Klause fortfährt und darüber schwach wird, raten ihm gute Freunde er solle spazieren gehen, die Luft wechseln, und sich Bewegung machen. Darum nimmt man ihn mit zur Jagd, zu Zeiten geht er in die Erdbeeren am Schloßberge, endlich gibt man ihm einen ehrbaren Knecht, einen verschwiegenen Reitersmann zu, dessen Treue und reiterische Einred und Vermahnung er nachmals oft gerühmt. So verbot dieser ihm eines Tages sein Schwert in Herbergen gleich abzulegen, und nicht von Stund an über die Bücher zu laufen, damit man ihn nicht für einen Schreiber ansehe. Verkleidet kommt Doktor Luther unerkannt in etliche Klöster. Zu Martsal kommt er zu seinen Freunden, aber den Junker Georg, denn so nennt ihn der Reiter, kennen sie nicht. Zu Reinhardsborn hat ihn ein Konvers[30] erkannt; wie dies sein Hofmeister merkt, erinnert er seinen Junker, daß er des Abends bei angestellter Handlung sein

---

[30] Ein Neubekehrter.

müsse; darum bricht er eilends wieder auf. Weil ihm aber seine Kirche und sein Lehrstuhl zu Wittenberg stetig im Sinne liegen, so fährt er zu einer Zeit über Tische, als er in tiefen Gedanken gesessen, heraus: „Ach, wer zu Wittenberg wäre!" Darauf nimmt er eine Reise vor, kommt gen Wittenberg im November und kehret bei seinem Reisegesellen Niklas Amsdorf ein, dahin er etliche seiner Freunde bescheiden lassen. Und wie er sich etliche Tage mit ihnen besprochen und erfreuet hat, zieht er heimlich wieder nach Wartburg. Inzwischen war es durch ein Schreiben ausgekommen, darum ihn ein Fürst und etliche große Frauen suchen, aber doch seiner nicht ansichtig werden können.

Zu dieser Zeit fällt zu Wittenberg die Opfermesse ganz danieder, erstlich im Kloster, nachmals in der Pfarre und endlich nach vielfältiger Unterhandlung auch in der Schloßkirche. Aber die alte Schlange feiert auch nicht, und weil sie mit Lügen und Gewalt die aufsteigende Wahrheit nicht dämpfen konnte, erregt sie unter seinen Zuhörern allerlei Zerrüttung und Ärgernis. Denn nachdem die Stillmesse in Wittenberg gefallen und der rechte Brauch des Abendmahls nach Christi Einsetzung eingerichtet, untersteht sich Karlstadt, aller Schwärmer Vater aus eigenem Frevel und Mutwillen die Bilder zu stürmen und aus der Kirche zu werfen, auch eine ärgerliche Freiheit anzurichten, daß die Leute das Abendmahl selber ohne vorgehende Reue unwürdiglich vom Altar nahmen, und daneben trotziglich Eier und Fleisch fraßen; wie denn auch Karlstadts Gesellen die Schulen und alle ehrlichen Künste und löbliche Gewohnheiten, wo man geschickten Leuten öffentliche

Titel und Zeugnisse gab, aus dem Grunde schändeten und verhöhnten, daß man keiner Kunst, keiner Schrift mehr bedürfe, wenn man nur den Geist und die innerliche Antreibung hätte. Dadurch kamen die christlichen Schulen in Verfall, und viele Leute gingen von ihrem Studium ab, daraus endlich Schwärmer, heimliche Propheten und Wiedertäufer wurden.

Wie nun diese Neuerung, Zerrüttung und Ärgernis, durch falsche Brüder zu Wittenberg erregt, vor unseren Doktor durch gutherzige Leute gelanget (nach dem Exempel von Chloes Gesinde, die an St. Paulum auch schrieben, daß die falschen Brüder zu Korinth eine Zerrüttung vornehmen I. Kor. I, II.) will es unserem Doktor nicht gebühren länger verborgen zu bleiben, er beschloß deswegen im Namen Gottes, sich zu seiner Kirche und Predigtstuhl wieder zu begeben, ungeachtet er im päpstlichen Bann und weltlicher Acht sei, und sein Landesfürst hierüber ein Mißfallen tragen könnte. Er bezeuget dem Kurfürsten, er könne den teuflischen Mutwillen abwesend mit Schriften nicht mehr stillen, sondern müsse selbst gegenwärtig sein. Aus solchen Ursachen ist er von Wartburg aufgebrochen, schreibt aus Born am Aschermittwoch an den Kurfürsten und trifft am folgenden Donnerstag zu Roß in Wittenberg ein. Bald nachher hat er nach einer Unterhandlung mit Doktor Schurf, dem kurfürstlichen Rat eine Schrift an den Kurfürsten gestellt, welche der fromme Kurfürst hat vielen Fürsten zukommen lassen, daß Doktor Luther ohne des Kurfürsten Wissen sich nach Wittenberg begeben habe. Zugleich ermunterte ihn der kurfürstliche Rat, das stürmische und aufrührische

Predigen, so Karlstadt angeregt, durch Wirkung des heiligen Geistes zu hemmen. Dieses weisen Juristen Ratschlag ward durch die Gegenwart Doktor Martins bald erfüllt. Die Kirche zu Wittenberg wurde ihrer falschen Brüder los, die sich teils selbst aus dem Staub machten, teils zu Kreuz krochen, und ihre Torheit bekannten. Dennoch haben unserem Doktor alle Papisten mit Schelten und Verdammen nicht so viel zu Leide getan, als diese seine eigenen Schüler, diese falschen Brüder, die mit ihm oftmals am Tische gesessen hatten. Luther schreibt in einem Briefe an den Kurfürsten: „Alles was bisher mir zu Leide getan in dieser Sache ist Schimpf um nichts gewesen, aber was die schwärmerische Rotte in meiner Abwesenheit gehandelt, das können wir weder vor Gott, noch vor der Welt verantworten."

Nachdem Luther also wider Karlstadts Schwärmerei, Ärgernis und alle gefährliche Bewegung gepredigt, und mit Gottes Wort die verwirrten Gewissen berichtet und ihnen bewiesen hatte, daß die Abgötterei, nicht in den Bildern, sondern, in den Herzen liege, so fängt er wieder an, als ein berufener Doktor der heiligen Schrift, wider den falschen geistlichen Stand ernstlich und heftig zu schreiben. Er greift das ungerechte Wesen der Geistlichen, die mit Kirchenkleidern und Mönchskappen wie mit Adams Feigenblättern vermäntelt und bedeckt ward, hart und scharf an; denn wem es Ernst ist, der kann nicht scherzen, und auf ein ästiges Holz gehört ein stählerner Keil. Man kann aus grobem Flachs kein subtiles Garn spinnen und der mit Unrecht geistlich genannten Mönche und Nonnen Greuel war eine solche Höllenpfütze, darin alle Sünden zusammengeflossen. Schrieb nicht St. Ulrich, Bischof zu Augsburg, daß man zu Rom bei St. Gregors Frauenkloster 3000 Kinderköpfe in einem Teich gefunden habe. Die Schandwelt hilft zudecken, die Bischöfe mit ihren Schirmvögten schmieren auch zu, die Welschen[31] helfen es beschönen, aber die Erfahrung zeiget, daß Baals Verehrung[32] und der Gottesdienst zu Lampsakus[33], die *Eleusinien*[34] in Griechenland, und die *Bacchanalien*[35] zu Rom alle wieder in Klöstern und Stiftern in heimlichem Schwang gegangen sind. Es wird erzählt, daß sich einst ein Jude wollte taufen lassen, und gefragt habe, wo er der Christen Gott anträfe. Man weißt ihn nach Rom zu seinem Statthalter. Wie der Jude sich da eine Zeitlang umsieht, spricht er: „Hier muß gewiß der rechte Gott wohnen, welchem alle unsere Propheten Zeugnis geben, der allein gnädig, gütig, barmherzig, von großer Geduld und Langmut ist; kein anderer Gott könnte solcher Sünde, Schande, Abgötterei, Ungerechtigkeit und Unzucht so lange zusehen; darauf will ich mich taufen lassen."

---

[31] Italiener.
[32] I. Kön. Kap. 16, und 2. Kön. Kap. 3.
[33] Die Stadt Lampsakus in Kleinasien war dem Priapus, dem Gott der Unzucht gewidmet, und verehrte vor allen Göttern diesen.
[34] Zu Eleusis in Griechenland wurden der Göttin Ceres zu Ehren geheime Zusammenkünfte und Feste gehalten, die unter dem Namen der Eleusinischen Mysterien bekannt sind, und in welchen große Unsittlichkeiten vorfielen.
[35] Die dem Gott Bacchus zu Ehren veranstalteten Bacchanalien waren Feste der größten Schwelgerei und Üppigkeit.

Als aber die römische Rotte solche Risse mit ihren Schreibern nicht zuflicken konnte, denn es wollte das Garn ihres Netz nicht mehr halten, brachte der Papst den König von England auf, der sollte St. Peters Netz ausbessern helfen. Dieser neue Schreiber-König legte eine schärfere Feder daran, bestritt Doktor Luthers Buch von der babylonischen Gefangenschaft und wollte die erdichteten Sakramente verteidigen. Es gebührte unserem Doktor, Gottes Wort zu verteidigen; weil aber der König mit englischen Händeln beladen und in der heiligen Schrift sich nicht sehr vertieft hatte, vesperiert unser Doktor den englischen Schreiber ziemlich aus, wie er's zu Erfurt in seinen Studentenjahren gesehen, wo man die Doktoranden den Abend zuvor nach der Vesper[36] ausvesperiert hat, damit sie sich zur Geduld und zum Hören gewöhnen lernen. Nachmals hat sich im Auskehricht befunden, daß dieser erlauchte Doktor in England etwas ganz anders als die Religion gemeint, hatte, überhaupt aber sollen weltliche Herren Land und Leute schützen, Gerechtigkeit erhalten, gnädig und wohltätig sein; aber Pfarrern liegt es ob, Bücher zu schreiben und die Schrift zu erklären. Ein jeder tue und richte aus, was ihm Gott aufgelegt; es hat jedermann alle Hände voll zu schaffen, und kann daneben durch den Glauben an Jesum Christum selig werden.

Inzwischen stellt das Reich zu Nürnberg in Abwesenheit Kaiser Karls einen Reichstag 1522 an. Allda wartet der Papst seiner Schanze, schickt seine Gesandten, ersucht viele Fürsten und Städte mit seinen Briefen, zieht gute Saiten auf und gibt glatte Worte, ermahnet,

---

[36] Der Nachmittagsgottesdienst.

man wolle sich der Insel Rhodos und des Königreichs Ungarn annehmen, die von den Türken hart bedrängt werden. Daneben möchte auch das Deutsche Reich die Edikte nicht ins Vergessen stellen und Luthers Lehre ausrotten helfen. Aber das Heilige Reich hatte eine gute Predigt zu Worms gehört, merkte die römischen Griffe und gab den Gesandten ziemliche Antwort. Unter anderen sagten sie: Der Papst möchte doch die Annaten[37] und einige verfallene geistliche Lehen dem Reich heimfallen lassen, damit man Kriegsmacht wider den Erbfeind des Römischen Reichs sammeln könnte. Desgleichen bäten sie, die päpstliche Heiligkeit wolle ein väterlich Einsehen haben, damit die Kirchen- und Predigtstühle forthin besser besetzt werden, auch gefährliche Mißbräuche und Zeremonien, wie Bettelklöster, Ablaßkrämer, Kurtisanen samt der Simonie[38] und Unzucht durch eine christliche Reformation abgeschafft würden. Solch billiges Gesuch gereicht dem Heiligen Deutschen Reiche zu großen ewigen Ehren und bestätigt Doktor Luthers Bücher wider den geistlichen Stand. Als sich aber dieser Reichstag nach vielfältiger Verhandlung bis ins Jahr 1523 verzog, ist

---

[37] Die Einkünfte eines Jahres, welche von einer geistlichen Pfründe bei ihrer jedesmaligen Wiederbesetzung dem Papst gegeben wurden.

[38] D, h. durch Geld oder auf anderen unerlaubten wegen zu einem geistlichen Amt zu gelangen. Der Name *Simonie* kommt von dem Zauberer Simon her, der den Aposteln die Gabe, den hl. Geist durch Händeauflegen mitzuteilen, um Geld abkaufen wollte. Siehe Apostelg. Kap. 8. V. 18-19.

endlich ein Reichsabschied[39] beschlossen und Doktor Luther nach Wittenberg zukommen, nach welchem die streitigen Händel der Religion auf ein künftiges christliches Konzilium in deutschen Landen verschoben werden, und daneben ausdrücklich verordnet ist, daß das Evangelium von tüchtigen und ordentlichen Leuten gepredigt werden solle.

Traun[40] liebe Freunde, in dieser Zeit ließ sich's fein an im deutschen Lande; das löbliche Deutsche Reich schickte sich gut in den Handel, legte den Edikten des Papstes einen Hemmschuh an, während Luther daheim in guter Ruhe seines Predigtstuhls und Katheders[41] wartete, und mehrere geistliche Schriften ausgehen ließ. Aber der leidige Satan, der also von Tag zu Tag durch den Finger Gottes ausgetrieben und verjagt ward, schleicht in wüste Örter, und fährt in die neuen Mönche, die ohne Kappen und Platten in englischer Heiligkeit einhergingen, und sich für himmlische Propheten ausgaben, sich wider die Kirche und Schule zu Wittenberg auflehnten und des Doktors Lehre verdächtig machten. Der Doktor warnt seinen Landesfürsten und viele Städte gegen diese Schleicher; und als man vernommen, daß Karlstadt sich der Pfarre zu Orlamünde angenommen habe, um sein verkehrtes Herz auszuschütten und sich an der Kirche zu Wittenberg rächen zu können, wurde Doktor Luther auf fürstlichen

---

[39] Damit wird die Gesamtheit der auf einem Reichstag des Heiligen Römischen Reiches deutscher Nation beratenen und erlassenen Bestimmungen bezeichnet.
[40] In Wahrheit, Fürwahr, Wahrhaftig.
[41] Der Lehrstuhl eines Hochschullehrers.

Befehl, mit Wolfgang Stein, Hofprediger zu Weimar, nach Jena abgefertigt, die Leute gegen diese verlaufene Winkelprediger und aufrührerischen Geister zu warnen. Allda ist Karlstadt in des Doktors Predigt gewesen, darauf er ein Gespräch mit Doktor Luther gehalten. Wie aber Doktor Luther sich richtig hören ließ und Karlstadt dunkle und unbeständige Antwort von seiner Lehre gab, hat der Doktor ihm vorgehalten, er sollte seine Sache vom Bilderstürmen zu Papier bringen, oder auch in den Druck geben, so wolle er ihm mit richtiger Antwort begegnen. Dies bewilligt Karlstadt, und läßt sein Buch darauf ausgehen, worin er die Gegenwart des Herrn im Abendmahl anfällt und seine Worte fälschlich deutet. Auf diese Lästerschrift läßt Luther das Büchlein wider Karlstadt und die heiligen Propheten ausgehen, die ihr Christentum mit Bildstürmen und Verbrennen, Verachtung des mündlichen Worts und heiligen Sakraments beweisen wollten. Als aber Luther auf Erforderung sich nach Orlamünde begab, mit Rat und Gemeinde daselbst ein
Gespräch zu halten, ließ sich der Karlstädtsche Geist hören mit ungeschickten und frechen Worten, daß sie Karlstadt mit gutem Glimpf zum Pfarrer angenommen und guten Fug und Recht hätten nach der Schrift die Bilder aus der Kirche zu reißen. Als nun Luther Karlstadts Vokation mit gutem Grund angreift und nach der Schrift zeigt, daß Moses nur die Bilder abwerfen hieß, daran man Gottes Namen und Gewalt heftete und denen man göttliche Ehre antäte, so schreit ein Schuster unter dem Haufen hervor und wettet, er wolle aus Moses erweisen, daß man alle Bilder wegreißen sollte.

Luther will's hören, und der Schuster antwortet: „Gott spricht, ich will meine Braut nackend haben, und will ihr das Hemd nicht anlassen." Als der Doktor dieses und andere wahnsinnige Reden hört, nimmt er seinen Abschied, denn er merkt, daß die Leute von den Schwarmgeistern bezaubert sind, indes Gottes Wort und alle Zucht bei ihnen gefallen war. Ich habe vom Herrn Doktor selbst gehört, er habe zu der Zeit eine Predigt in Kahle tun sollen; da hätten diese Geister ein Kruzifix zerbrochen und es auf den Predigtstuhl gestreut. Wie es der Doktor also findet, wird er ernstlich bewegt; doch tritt er auf und schiebt die Stücken auf einen Ort, und tut eine lehrhafte Predigt und treue Warnung, daß man Glaube und gut Gewissen in aller Untertänigkeit bewahren solle, und gedenkt nicht mit einem Wort des frevelnden Mutwillens, den sie ihm bewiesen hatten. So kann man auch dem Teufel mit Verachtung zu gelegener Zeit das gebrannte Leid antun. Nach diesem eilte der Doktor zu seiner Kirche und verteidigt Arsacii Schäfers von München Artikel, welche die Universität zu Ingolstadt verdammt hatte, und schreibt daneben von den Stillmessen.

Im Herbst des Jahrs 1524 empören sich die Bauern am Bodensee. Dieser Unfug wird gestillt, aber im folgenden Jahr wird erst der greuliche Aufruhr der Bauern in Schwaben, Lothringen und Franken mächtig, denen ein aufrührerischer Geistlicher die zwölf Artikel stellet, welche Luther mit gutem Grund aus Gottes Wort widerlegt, und dann die verführten Leute vor Schaden warnt. Er sagt ihnen: Gott habe die Untertänigkeit gegen die Obrigkeit durch seines Sohnes Wort bestätigt. Daneben ermahnet er aber auch die Obrigkeit, daß sie mit den verführten Leuten vernünftig handele, Wohltätigkeit und Barmherzigkeit übe, denn es sei kein Richter so groß auf Erden, er müsse von einem höheren gerichtet werden. Da aber die Bauernschaft ihre Ohren verstopft und dürstiglich und teuflisch, doch unter dem Schein und Namen des Evangeliums fortfährt, und nicht allein Klöster und Geistliche angreift, sondern auch ihre weltliche Obrigkeit, einen Grafen durch die Spieße jagten, der Edelleute Schlösser verbrennt und schleift, wird Luther veranlaßt, Gottes Ordnung und den Stand der Obrigkeit zu verteidigen, der Bauern mutwillig blutdürstig Vornehmen mit einem sehr harten Buche zu verdammen und die erschrockene Obrigkeit zu ermahnen, daß sie solche schädliche Brunst mit Schwertsgewalt dämpfen sollte.

Darüber ward der Doktor von den Bauern und ihren Rädelsführern und aufrührerischen Predigern heftig gescholten, und viele andere trugen ein Mißfallen an dieser Heftigkeit und Härte. Aber der Doktor gab nachher gründliche Ursachen an, was ihn zu seinem heftigen Schreiben getrieben: Solche Bücher wären gegen Leute nötig, die ihren gottlosen Mutwillen mit dem Evangelium bedecken wollten. - Gott sah auch zum Rechten, und der Schwäbische Bund stillte bald dieses Aufstehen in Schwaben, Franken und Salzburg. - Viele sind in Gottes Rache gefallen. Vernünftige Herren stillten auch mit Glimpf und Bescheidenheit ihre irrigen Untertanen. Unser jetziger Herr Kaiser, der damals Erzherzog zu Österreich, ritt im Salzburger Gebirge mitten unter seine ungehorsamen Untertanen und hielt, auf einem weißen Pferde, welches mehrmals nacheinander wieherte. Wie der Anführer einer schrie, man sollte das Pferd zum Stillschweigen bringen, bis sie ihren Antrag getan, spricht der Erzherzog Ferdinand: „Wenn sich mein Pferd hören läßt, solltet ihr viel billiger stille schweigen." Kurfürst Friedrich von Sachsen hat auch seine Untertanen mit fürstlichen und guten Worten gestillet, wie noch etliche seiner Briefe kurz vor seinem Ende geschrieben, vorhanden sind, worin er seinen Herrn Bruder Herzog Hans zur Gelindigkeit und Mäßigkeit ermahnt; darauf hochgedachter Kurfürst zu Lochau nach *misericordias domini*[42] in wahrer Bekenntnis des Herrn Christi von dieser elenden Welt geschieden ist. Es heißt wohl, große, Leute, große Tugend, und gnädige glimpfliche Reden stillen und tilgen viel Zorn und Unlust.

Nach dieses teuren und hochweisen Kurfürsten Tode, brach der Propheten aufrührerischer und lügenhafter Geist auch in Sachsen aus. Thomas Münzer, der sich zu Zwickau wider Egranum auf der Kanzel unbescheiden vernehmen lassen, wendet seinen Fuß und sucht einen Winkel und einen Anhang, und als er darauf von Allstädt verwiesen, schleicht er heimlich nach Nürnberg, daß er da nistete. Aber dies Raupennest wird ihm auch zerstört, darum besucht er wieder seine alte Herberge, und macht sich auf Anstiften etlicher aufrührerischer Bürger, mit denen er zuvor gelaichet, nach Mühlhausen, und schilt zugleich auf den Papst zu Rom und auf die von Wittenberg, setzt vom Worte ab, beruft sich mit seinen Anhängern auf seine Offen-

---

[42] Siehe Fußnote 19.

barung und geistliche Träume, erwartet Zeichen vom Himmel, gibt eine neue Heiligkeit vor von der Entgröberung und Tötung des Fleisches, verbrennt Bilder, stürmt und plündert die Klöster, zieht Leute an sich, macht eine aufrührerische Gewerkschaft, setzt den alten Rat ab, wählt andere, setzt sich mit auf das Polster, spricht Recht: und weißt als ein himmlischer Prophet, daß sie die Gottlosen angreifen müßten; und da er sich nun mit Bauern Mistgabeln gefaßt gemacht, zieht er ins Feld, zu den Bauern nach Frankenhausen, während sein Geselle der Pfeiffer dem gemeinen Manne zum Tanz pfeift und Lärm bläst. Die benachbarten Fürsten, denen es anbefohlen diese Aufrührer zu strafen, suchen die verführten Bauern zu stillen, aber Münzer und sein Abgott verstopfen ihnen Herz und Ohren mit ihrem himmlischen Troste. Er reitet um ihre Haufen, es würden sich der Feinde Kugeln umwenden, einige wollte er mit seinen Ärmeln auffangen, Gott werde mit ihnen sein, ihm Glück und Sieg vom Himmel schicken, darum er ihnen jetzt einen Regenbogen scheinen lasse. Darauf vergreift er sich an einem gesandten Edelknaben wider alles Kriegsrecht und läßt ihn jämmerlich umbringen. Da ermahnt der Landgraf zu Hessen seine Leute mit einer fürstlichen und tröstlichen Rede, und setzt (bei Frankenhausen) in die Heerschar der himmlischen Propheten, davon bis an 5000 erstochen, viele gefangen worden. Münzer wirft das Hasenpanier auf, flieht in die Stadt, es findet ihn ein Edelmann im Bette als einen Fieberkranken liegen, und erkennt ihn aus der Unterschrift einiger Briefe, die er in Münzers Tasche findet. Also wird der Bauern Aufwiegler und

Hauptmann gefangen, und nach Heldrung geführt und befragt, und nach dem er seine Sünde bekennt, und er für seine Verführten gebeten, wird ihm und seinem aufrührerischen Pfeiffer und einigen Mutwilligen der Kopf abgeschlagen. Ich muß hierbei einer Historie erwähnen. Wie die gefangenen Aufrührer elendiglich zusammengekoppelt, sieht ein großer Herr ein Bäuerlein im Haufen: „Männlein," spricht er, „welches Regiment gefällt dir nun am besten, der Bauern, oder der Fürsten?" Das Bäuerlein spricht mit einem herzlichen Seufzer: „O mein lieber Herr, kein Messer schärfer schiert, denn wenn ein Bauer den anderen regiert, behüt Gott unsere Nachkommen, daß sie verlaufenen Pfaffen nicht glauben, und segne alles fürstliche Regiment." Die Rede gefällt dem Herrn, darum läßt er sie an die gegenwärtigen Fürsten gelangen, und bittet diesen Gefangenen los, denn ein gutes Wort findet eine gute Statt und ist wie ein goldener Apfel in einer silbernen Schüssel, wenn's zur bequemen Zeit geredet wird. Also ward die Empörung doch nicht ohne viel Blut gedämpft, zum Zeugnis, daß niemand über sich hauen soll, denn die Späne springen sonst solchen Leuten in die Augen.

Als nun der thüringische Aufruhr auf Doktor Martins Schreiben mit ordentlicher Gewalt gedämpft war und der fromme und christliche Herzog Hans zum Kurfürstentum Sachsen kommt, bleibt Luther bei Gottes Wort, seinem Predigtstuhl und Schule, liest und schreibt, tut dem löblichen Kurfürsten zwei Leichenpredigten, ermahnet zum Frieden, tröstet die Betrübten, hilft seine und die benachbarten Kirchen bestellen. Die Opfermessen wurden in dieser Zeit auch zu Wittenberg im Schlosse abgeschafft, die Klöster wurden verlassen, und viele Pfarrer folgten dem klaren Worte des heiligen Paulus und begaben sich in den heiligen Ehestand. Bartholomäus Bernhard, Propst zu Kemberg hat die erste Priesterhochzeit zu Luthers Zeiten gehalten. Ihm folgte der Pfarrer zu Hirschfeld und viele andere. Luther beschließt endlich auch Gottes Wort und heilige Ordnung, der Priester löblichen Ehestand nach der Schrift und der ersten Kirche löblichen Gewohnheit durch sein Beispiel zu bestätigen. Darum ersieht er sich eine Klosterjungfrau Käte von Bora, der verspricht er im Namen der heiligen Dreifaltigkeit eine aufrichtige und christliche Ehe, und läßt sich mit ihr am Sonntage *Trinitatis*[43] des Jahres 1525 im Namen und auf's Wort Jesu Christi im Beisein guter Leute zu Wittenberg ehelich vertrauen, wie er auch bald hernach einen öffentlichen Kirchgang und eheliche Hochzeit mit ihr gefeiert und gehalten hat. Den Weltweisen schien es damals eine große Sünde, daß ein Ordensmann eine Klosterfrau zur Ehe genommen, doch am jüngsten Tage wird dies eheliche Paar mit ihren christlichen Erben, dieweil sie nach St. Pauli Spruch, selig geworden sind durch Kinder zeugen, dem rechten Richter zur rechten Hand stehen, wenn die ehebrecherische Art, die sich in heimlichen Sünden besudelt, auf der linken Seite bei dem alten Beelzebub unter unzüchtigen Böcken stehen und ins höllische Feuer gehen wird: wir danken Gott von Herzen, daß er die Priesterehe nach seinem Wort,

---

[43] Der erste Sonntag nach Pfingsten.

daß ein Bischof eines Weibes Mann sein soll, durch Luther wieder hat einrichten lassen.

Um diese Zeit, als Karlstadt, der unruhige Schwärmer, schüchtern und flüchtig war, hält er an bei Doktor Luther, er möchte sein Patron werden, beschönigt seine Sakramentlästerung mit der Ausrede, er habe über diesen Handel nur gefragt und diskutiert, nichts behauptet und beschlossen, jetzt wolle er fromm werden und sich bekehren, eben wie der gefangene Wolf in seiner Grube. Luther, als ein barmherziger Mann, glaubt seinen guten Worten, bescheidet ihn zu sich, hält ihn heimlich, nicht ohne Sorgen, entschuldigt ihn mit öffentlichen Schriften, bringt ihn auch endlich wieder zu Gnaden bei dem frommen und christlichen Kurfürsten. Aber bald darauf sticht Karlstadt ein Spieß durch sein Doktorat der Theologie, wird ein Bauer bei Kemberg und treibt Säue zu Markt.

Um diese Zeit fängt Zwingli über das Abendmahl an zu grübeln, bis es ihm in Traum berichtet wird, das *est* im Abendmahl heiße *significat*,[44] darum sei nicht Christus wesentlich beim Abendmahl, sondern es bedeute nur Leib und Blut Christi: Was neu ist gefällt der Welt; auch Oecolampadius, welches ein gelehrter Mönch zu Alt-Münster in Bayern gewesen, hilft diese Lehre ausbreiten, doch mit einem eigenen und neuen Grunde, denn er deutet das Wort Leib als Leibes Zeichen. Bei meinem Eide, den ich Gott auf mein Taufgelübde schuldig bin, diese Lehre wollte auch in meinem Herzen nisten; aber weil ich bei Gott anhielt im Gebet,

---

[44] Daß die Worte: „Dies ist" im Abendmahl so viel heißen als: „Dies bedeutet."

führte mich Gott in seine Kreuzschule, darin lernte und fühlte ich aus Doktor Luthers Büchern, daß die vier Worte, die jenem verächtlich waren, ein rechter Dorn im Herzen wären. Darauf tröstete mich ein christlicher Pfarrer an der Ammer, der mir des Herrn Doktors beide Bücher vom Abendmahl zukommen ließ, dafür ich ihm in alle Ewigkeit danken will. Doktor Luther nahm sich zu der Zeit neben den gottseligen zwölf Predigern in Schwaben des Abendmahls ernstlich an; mit großer Seele führte er Krieg für die Frömmigkeit, widerlegte die Gegner, und bekräftigte mit seinem standhaften Zeugnis die Worte des Herrn Christi. Wahr ist's, heftig und scharf ließ sich der Doktor in seinen guten Büchern vernehmen, welches den Gegnern schmerzlich wehe tat, als aber hernachmals eine Vermittlung von guten Leuten nach Wittenberg gesandt war, mit Doktor Luther und der ganzen Fakultät der Theologen allda sich freundlich zu besprechen, ließ sich der gute Mann gütlich weisen, wie er denn für seine Person den Vertrag des Abendmahls zu Wittenberg aufgerichtet, von allen Theologen gefertiget, auch für seine Person annahm, bewilligte, mit eigener Hand unterschrieb. Wer nie fiel, der stand nie auf; wohl dem der seine Irrtümer bekennt, und der Wahrheit klares Zeugnis gibt. Dieser Zwiespalt in der Religion richtete gefährliche und schädliche Ärgernisse an und des Papstes Schreiber füllten alle ihre Bücher mit dem Zwiespalt der Gelehrten über das Evangelium, und schlossen damit, Doktor Luthers Lehre errege Aufruhr und zerrütte die Kirchen. Ihnen stand der Teufel bei und erregte immer neues gottloses und aufrührerisches

Gesindel. So traten jetzt die leidigen und unsinnigen Wiedertäufer auf, verachteten die heilige Kindertaufe, wollten alle Obrigkeit aufheben, und weil in ihrem Herzen viele Schwingfedern vom allstädtischen Geist begraben waren, wollten sie alles gemein haben. Ach Gott laß dir's geklagt sein, was für ein wüstes Wesen richteten diese Schwarmgeister in aller Welt an? Was habe ich Jammer gesehen und gehört am Lech und an der Glan!

Ob aber der heilige Geist in Doktor Luther hierüber sehnlich betrübt, und mit großem Eifer entbrannt war, dennoch wartete er der Kirche Gottes fleißig ab, und riete jedermann, der seines Berichts und Rats begehrte; sandte auch viele Trost- und Warnungsbriefe an christliche Herrn und Städte, nebst noch vielen anderen guten Büchern aus; übersetzte viele Psalmen, und schrieb die schöne Geschichte von Leonhard Kaiser, den die bayrischen Bischöfe und Theologen der Bekenntnis Jesu Christi wegen zu Scherding verbrennen ließen.

Das Deutsche Reich hielt in Abwesenheit des Kaisers einige Reichstage, darin beschlossen und verabschiedet wurde, daß jedermann sich in Religionssachen verhalten möchte, wie er's vor dem Kaiser und gegen Gott mit gutem Gewissen verantworten könne.

Darauf ward auf Vorschlag Luthers vom Kurfürsten, zu Sachsen eine Visitation seiner Landkirchen angestellt. Luther ließ sich selber nebst vielen anderen großen Leuten vom Adel und Gelehrten zu solchem heilsamen und bischöflichen Werk gebrauchen; verhörte die armen Bäuerlein im Beten und, befragte sie im Katechismus fein säuberlich und mit Geduld. Eine liebliche Historie hörte ich aus dieser Zeit von ihm erzählen. Da ein armes Bäuerlein auf seine Anfrage den Kinderglauben sollte aufsagen, und sprach: „Ick glöwe in Gatt allmächtaigen!" fragte der Doktor was *allmächtigen* heiße? Der gute Mann antwortete? „Ick weß nicht." „Ja mein Mann," sprach der Doktor, „ich und alle Gelehrte wissen's auch nicht, was Gottes Kraft und Allmächtigkeit ist; glaube aber Du in Einfalt, daß Gott ein lieber und treuer Vater ist, der will, kann und weiß, als der klügste Herr wie Dir, Deinem Weib und Kindern in allen Nöten zu helfen usw."

Als aber die Visitation angestellet, und was darin über Lehrer und fleißige Schulmeister gehandelt, kann man klärlich ersehen im Büchlein vom Unterricht der Visitatoren, welches im Jahr 1528 zu Wittenberg ausgegeben ist, worin über das Papsttum sehnlich geklagt wird, daß es solche Visitationen entweder ganz unterlassen, oder zu einem Mißbrauche der Völlerei habe herunter sinken lassen.

Nachdem die Erfahrung durch solche Verhöre und in christlicher Beichte gelehrt hatte, daß wenige Pfarrer vom Katechismus wußten, und viele Laien nicht recht beten konnten, ließ Luther seinen großen Katechismus ausgehen, faßte die Kinderlehre, zehn Gebote, Glauben, Vaterunser, Taufe, Absolution und Abendmahl fein artig zusammen, und verordnete, daß man solche Kinderlehren bei jungen Leuten öffentlich treibe; wie denn auch zu Wittenberg und in vielen anderen Kirchen noch heutiges Tages der nützliche Gebrauch verblieben, daß man des Jahrs viermal diese Kinderlehre

handelt, wobei Kind, Gesind und Handwerksleute häufig zusammen kommen, wie denn auch viele Pfarrer, solche Katechismuslehre am Sonntage vor und neben dem Evangelium abhandeln und die Kinder im Sommer zur Auslegung des Katechismus zusammen fordern.
Damit nun die Katecheten und Katechismusschüler solche Lehren fein behalten, verstehen und nachsagen könnten, faßte der Doktor die Kinderlehre kurz und rund zusammen, und ließ den kleinen Katechismus in Fragstücken ausgehen, welcher, Gott Lob, zu unseren Zeiten in allerlei Sprachen gebracht und in fremde Lande gesendet worden. Auf der Kanzel kann ich mich nicht erinnern, daß ich in meiner Jugend, der ich doch bis in das 25. Jahr meines Alters im Papsttum leider bin gefangen gelegen, die zehn Gebote, Vaterunser, oder Taufe auslegen gehört hätte; der Absolution und des Trost, den man durch Genießung des Leibes und Bluts Christi bekäme, habe ich mit Wissen mein Lebtage ehe ich nach Wittenberg kam, weder in Kirchen, noch Schulen, mit einem Worte gedenken hören; wie ich mich auch keiner gedruckten oder geschriebenen Auslegung der Kinderlehre im Papsttum zu erinnern weiß, da ich doch von Jugend auf alle Legenden und Brigittengebetlein[45], sonderlich zu München bei meinem Herrn, der eine sehr große deutsche Büchersammlung hatte, während eines ganzen Jahres durchlesen habe. Dies gedenke ich liebe Freunde dem Katechismus zu Ehren,

---

[45] Die sogenannten Brigittagebete bestehen aus einer Abfolge einer bestimmten Anzahl von *Vaterunser* und *Ave Maria*, die verschiedene Gnaden für den Betenden beinhalten, so er sie regelmäßig ausführt.

den ich von Wittenberg und Altenburg in dieses Tal und durch Gottes Gnade aus meiner Schule in vieler Leute Häuser und endlich in die Kirche und auf die Kanzel gebracht habe. Wenn Doktor Luther in seinem Lauft sonst nichts Gutes gestiftet und angerichtet hätte, als daß er beide Katechismen, und das Gebet vor und nach dem Essen und wenn man schlafen geht und aufsteht, wieder in die Häuser gebracht, so könnte ihm die ganze Welt dies nimmer genugsam verdanken oder bezahlen.

Um diese Zeit fiel Doktor Luther in eine schwere Anfechtung, da er in eine leibliche und geistliche Angst und Not kam, darüber er sich seines Leibes und Lebens verziehen, wie solche seine Angst und herzliche Seufzer und sehnliche Tränen und herrliche Bekenntnis und väterliche Vorsorge für die betrübte Christenheit von Doktor Pommer und Doktor Justus Jonas, die dabei gewesen, aufgeschrieben sind. Wenn der Frommen Betrübnis und höllische Anfechtung und die große Errettung aus ihren Anfechtungen an jenem Tage ans Tageslicht kommt, wird man sehen, was Gott für große Märtyrer auf Erden gehabt. Einige Leute kosten hier aus Gottes Kelch, den er in seinem Hause einschenkt, was Gottes Zorn und Höllenangst ist. Aber der Sohn Gottes errettet sie und hilft, daß es in seiner Kraft ertragen werde. Aber die Gottlosen, die solcher betrübter heiliger Leute, wie Christi am Kreuz spotten, werden einst die Hefen des Bechers in Ewigkeit austrinken und am ewig betrübten Herzen, wie in unauslöschlichen Flammen leiden.

Als nun Gott Doktor Luther aus der Hölle wiederbrachte durch Hilfe und Fürbitte Jesu Christi, so tröstete und stärkte er seine Brüder, und weil der ausgesöhnte Karlstadt wieder durch den Zaun stach und sein Gift wider seine Zusage heimlich in Schriften aussprengte, so widerlegte Doktor Luther Karlstadts Phantasterei. Da aber der unbeständige und unruhige Mann weder in seinem alten Stande, noch im neuen Bauerwesen Ruhe haben konnte, so schleicht er heimlich wieder davon, und hält sich zu denen, die seine widerrufene Schwärmereien in ihren Winkeln verteidigten. Was aber Karlstadt in jenen Orten ausgerichtet, und wie erschrecklich vor seinem Ende von der Kanzel den bösen Geist sichtlich gesehen, und von ihm erschreckt sei, zeigt des Herrn Melanchthons Schreiben, welcher Jedermann vor des Mannes Schwärmerei in seinen guten Sprüchen vom Abendmahl des Herrn, warnet. Weil aber seine Schüler und Rottenbrüder durch Karlstadts Ankommen gestärkt waren, wurde Luther verursacht neben anderen Warnungsschriften sein Bekenntnis vom Abendmahl auf's Papier zu bringen, darin er seiner Gegner nichtige Gedanken und falsches Gedeute darlegt, seinen Glauben aus den Worten Jesu Christi und der Evangelisten gründlich dartut und ein rundes Bekenntschaft seines Glaubens stellet. Mit diesem Buche brachte er viele Leute, die schändlich verleitet waren, wieder auf den rechten Weg, wie mich dies Buch in Bayern auch stärkte und aufrichtete, daß ich im folgenden Jahre den Mann sehen und hören wollte. Gott sei Ehre und Preis, der sich seines kleinen Häufleins und seiner treuen Diener väterlich annimmt, und, ob er sie schon wunderbarlich führet, dennoch verwirft er sie nicht. Amen!

Vierte Predigt.

Geliebte Freunde im Herrn! Sonst pflegte man um diese Zeit Ostermärlein und närrische Gedichte zu predigen, damit man die Leute, so in den Fasten durch ihre Buße betrübet und in der Marterwoche mit unserem Herrn Mitleiden getragen, durch solch ungereimtes und loses Geschwätz erfreuet und wieder getröstet würden, wie ich solcher Ostermärlein einst in meiner Jugend gehört habe, als da der Sohn Gottes vor die Vorburg der Hölle gekommen und mit seinem Kreuz anstieß, hatten zwei Teufel ihre langen Nasen als Riegel vorgestecket, als aber Christus anklopft, daß Tür und Angel mit Gewalt aufging, hab' er den zweien Teufeln ihre langen Nasen abgestoßen. Solches nannten zu der Zeit die Gelehrten *risus paschales*.[46] Obwohl wir die vergangenen Jahre nach großer Leute Beispiel um diese Zeit Allegorien und lustige Materien gehandelt, so wollen wir diesmal von einer freudigeren Sache von der Universität Wittenberg reden, zu der mich Gott im Jahre 1528 hinführte und dann in den Historien Luthers und der Seinen fortfahren, wie Gott in seiner Bibel nicht allein vom eingeborenen Sohne schreiben, sondern auch mit Ehren der Propheten und Schulen erwähnen läßt.

---

[46] Ostergelächter.

Daß Wittenberg vom Berge der Weisheit seinen Namen haben soll, ist euch schon gesagt, meine Freunde und viele Leute wissen, daß es an der Elbe gelegen. Über der Elbe heißt das nächste Dörflein Prata, oder Ephrata, wie Luther meinte, zum Zeichen, daß da der Herr Christus sein rechtes Himmelsbrot geben würde. So liegt unfern ein Städtlein Jesse, zur Erinnerung, daß die Wurzel Jesse oder Isai in dieser Gegend von neuem ausschlagen werde. Zana, so nur eine Meile von Wittenberg, hat auch einen hebräischen Namen, und bedeutet eine Herberge, wie denn auch das Wort des Herrn hier eingekehrt ist, so erhielt auch Dessau von dem reichlichen Unterhalt, den sie der Kirche und ihren Dienern verliehen, den hebräischen Namen zum Vorzeichen. Was ich euch gelehret allhier, dafür muß ich meinen Lehrern und Freunden in Wittenberg danken, aus Wittenberg ist die reine Lehre samt dem Katechismus in dieses Tal gekommen, alle unsere Kirchen- und Schuldiener sind Wittenberger Studenten, darum wir heute am Schulfest, wo wir die Kinder nach allem löblichen Brauch mit ehrlichem Gepränge zur Schule gebracht haben, der Universität Wittenberg in unserem Gebet gedenken müssen. Amen!

Als im Jahre 1528 eine vergiftete Luft an dem Elbstrome blies, und die Universität der Jugend wegen, nach Jena verlegt war, blieb unser Doktor in seinem Beruf, und bei seinen Schäflein in Wittenberg zurück, predigte und las, und diente den Leuten, ging auch auf Erforderung, ohne Scheu in die vergifteten Häuser und tröstete die Seinen. Den Studenten, die bei ihm verharrten, las er zu der Zeit die Epistel Johannis, die mir nachher Magister Georg Rörer abzuschreiben gab.

Inzwischen ward ein Reichstag zu Speier ausgeschrieben, auf welchem ein neuer und gefährlicher Abschied beschlossen wurde, gegen den mehrere Fürsten und Städte protestierten, und eine Gesandtschaft an den Kaiser, nach Bononien[47] abfertigten. Als nun die Luft durch Gottes Gnade, und der lieben Engel Dienst gereiniget, auch die Universität Wittenberg wieder versammelt war, zieht der Türke auf Deutschland und belagert Wien. Dieses gibt die Veranlassung, daß der Doktor nicht allein vom Türkenkriege, sondern auch von Mahomets Religion schreibt, wider den Türken zu streiten und zu beten ermahnt, auch eine eigene Heerpredigt im Druck ausgehen läßt.

Eben um diese Zeit bin ich zum erstenmal, aus Bayern nach Wittenberg gekommen. Da hab' ich in Predigten und Vorlesungen gar viel trefflichen Trost und treue Ermahnungen gehört, wie alle getaufte Kindlein, die vom Türken gespießt oder an den Zaun gesteckt und jämmerlich zersäbelt und zerhackt worden, mit den Kindlein zu Bethlehem in Ehren und Freuden erscheinen und alle Türken wieder mit Füßen treten würden: Wir wissen jetzt noch nicht wer die rechte Mauer und der rechte Feldherr wider den Türken damals gewesen, wenn aber alles an den Tag kommen wird, werden wir neben vieler guter Leute herzlichem Vaterunser, unseres Herrn Christi Macht und Schutz erkennen, der dem großen Leviathan einen Ring in die Nase legte.

---

[47] Bologna.

Es gebührt sich wohl, daß ich als ein Student und Gliedmaß der löblichen Universität Wittenberg, neben des Herrn Doktors Historien auch anderer guter Leute erwähne, die ich allda gefunden, gesehen und gehöret habe; ich gedenke traun[48] solches, so Gott will, am jüngsten Tag und in alle Ewigkeit von dieser Universität und ihren guten Leuten zu rühmen.

Nachdem mich mein lieber Freund Zacherias Weirner, Pfarrer zu Bruck an der Ammer bei Fürstenfeld, bei sich mit Tisch und Büchern ein ganzes Jahr erhalten hatte, bis die Universität wieder von Jena nach Wittenberg gekommen, bin ich im Jahr 1529, Freitag nach Pfingsten dort eingetroffen. Am folgenden Sonnabend zur Vesper hab' ich den großen Mann, Doktor Luther predigen hören, da er St. Petri Text, in der Apostelgeschichte, Kap. 2, 38. vom Wesen und Kraft der heiligen Taufe auslegte, dafür ich unserem Gott die Tage meiner Pilgrimschaft hier und in alle Ewigkeit zu danken habe. Ich ging damals ins 25 Jahr, und hatte manchem Mönch und Laienpriester im Papsttum zugehört, aber mein Tage hatte ich der heiligen Taufe nie gedenken hören, ausgenommen, daß ich in Bayern die Wiedertäufer und Schwärmer sehr schändlich von Taufe und Abendmahl hatte plaudern hören. Darum tat mir's von Grund meines Herzens sanfte, daß ich flugs im Eingang einen seligen Bericht von diesem tröstlichen Artikel vernehmen sollte. Weil damals Doktor Johann Pommer, Pfarrer zu Wittenberg, zur Einrichtung der Kirchen und Schulen im Lande Sachsen abwesend war, tat unser Doktor wöchentlich drei oder vier Predigten,

---

[48] Siehe Fußnote 40.

darinnen er die Sonntagsevangelien, St. Johannem den Evangelisten, und das 19. und 20. Kapitel des anderen Buchs Moses christlich und weislich auslegte, auch am St. Jakobstage St. Christophels Legenden lieblich auf alle Prediger und Christenleute bezog, die Jesum Christum in ihrem Herzen und Armen trügen, ihr Gewissen bewahrten, den Leuten hülfen, und darüber lauter Undank von der Welt und von falschen Brüdern verdienten. In diesem Jahre hab' ich auch den Katechismus vom Doktor Justus Jonas und den dreien Diakonen Magister Georg Rörer, Johann Mantel und Sebastian Fröschel, auslegen hören. Vom Doktor hab' ich ungefähr in 40 Wochen die 22 letzten Kapitel des Propheten Jesaias auslegen hören, und bin aus dieser Lektion, oftmals voll Trost und Freude heimgekommen. Von Philipp Melanchthon, dem treuen und fleißigen Professor habe ich in dieser kurzen Zeit gehört, ein Stück des Cicero vom Redner, und die schöne Rede *pro Archia*, ferner im Jahre die ganze Dialektik und Rhetorik. Vormittags erklärte dieser große Mann die Epistel an die Römer, Mittwoch las er von ehrbarer Zucht aus Aristoteles, überdies disputierte oder deklamierte man alle Woche.

Johann Bugenhagen legte die Epistel an die Korinther aus, Doktor Jonas erklärte die Psalmen, Aurogallus las seine hebräische Grammatik und den 119. Psalmen, Magister Franz von Weimar las Griechisch, Tulichius über Cicero *de officiis*, Magister Vach über Virgil, der alte Magister Volmar die Theorie der Planeten, Magister Mülich über die Sphäre, Magister Kaspar Kreutziger las diesmal mit den jungen Studenten, im

Pädagogium den Terenz. So waren auch die Privatschulen trefflich bestellt, die Herren Magister Binsheim, Kilian Goldstein, Ammerbach, Erasmus Reinhold, Marcellus, Georg Major und Eberus hielten ihre Schüler in guter Zucht und lasen und wiederholten fleißig.
Es war auch guter Frieden und Eintracht zwischen Studenten und Bürgern. Die Edelleute fingen einmal in eines Bürgers Hause mit Bürgerskindern eine Unlust und Lärmen an, darüber ihnen die Köpfe, von ordentlicher Bürgerschaft redlich gedroschen und sie die Nacht in die Türme, bis auf den Morgen gesteckt wurden. Als aber etliche nach ausgemachter Sache dem Stadtrichter vor's Haus traten, und durch seine Fenster hinein stachen, ließ sich unser Doktor öffentlich auf der Kanzel hören: Gott habe dieser Universität durch vernünftige Verordnung des löblichen Kurfürsten ein feines, stilles und ruhiges Wesen bisher gegönnt. Nun wären Leute vorhanden, die sich an gleichem Rechte nicht wollten genügen lassen, und brauchten bei Nacht und Nebel allerhand Mutwillen, forderten die Leute aus, und vergriffen sich an ihrem Hausfrieden. „Ich bin," sagte der Doktor auf der Kanzel, „ein geistlicher Mann, wenn mir aber ein Störenfried vor mein Haus käme, wollte ich mit meinem Hausspieß zu ihm hinauswischen und meinen Hausfrieden und Gemach, wie einem Hausvater mit Recht zugelassen und gebühret, verteidigen. Stieß ich meinen Spieß durch einen solchen Aufrührer, wollte ich stillstehen und ausschreien: Hier Gottes- und Kaisersrecht, vor denen beiden, ich solche meine Notwehr und Hausschutz mit

Ehren und gutem Gewissen, christlich und rechtlich verantworten wollte."

Da sich unser Doktor, als ein Liebhaber bürgerlichen Friedens, also vernehmen ließ, geriet es zum allerbesten und wurde fein still und friedlich in der ganzen Stadt. Gott sprach auch damals seinen Segen nur Nahrung, denn obwohl diese Zeit ein sehr nasser Sommer einfiel und die Elbe etlichemal zu den Schießlöchern durch die Stadtmauer drang, auch die ungesunde Luft die gefährliche Krankheit, den englischen Schweiß[49] erregte, daran ich und andere krank lagen, dennoch war ziemlich wohlfeile Zeit. Ich hatte bei meinem Wirt und Landsmann Wolf Johann von Rochlitz einen sehr guten trocknen Tisch um fünf Silbergroschen, neben anderen gelehrten ehrlichen und guten Tafelbrüdern, die mir armen Gesellen allen guten Willen erzeigten. Darum ich in Ehren allhier erwähne, des Lizenziat Sulsdorf, Staffelstein, Walden Mellerstadt, Johann Figulus, Hieronymus von Glauburg und Clam von Frankfurt, Franziskus Groß von Oschütz, Andreas Vorberger von der Mitweide, Peter von Zerbitz, Karl Drachstedt von Halle, wie auch früher des teuren Märtyrers Leonhard Kaisers, der in Bayern um des Evangelium willen verbrannt worden und mit vielen anderen großen Männern an dieser Tafel gesessen hatte. Damals war kein

---

[49] Der sogenannte „Englische Schweiß" war eine im 15. Und 16. Jh. hauptsächlich in England auftretende und grassierende Infektionskrankheit mit meist tödlichem Ausgang. Typisch für sie waren starke Schweißausbrüche, die ihr auch den Namen gaben. Bis heute ist es nicht sicher, um welche Krankheit es sich dabei wirklich handelte.

Zwiespalt zwischen den Gelehrten, darum erhob sich auch kein gefährlicher Streit über Tisch. Fröhlich und guter Dinge in Lieb und Freundschaft waren wir alle, hatten unsere Singerei und daneben von den Alten, vor denen wir Jüngere eine ehrliche Scheu hatten viele gute Reden und Historien zu hören, und weil eben Herr Philipp die Dialektik las, trugen sich Gespräche zu von dieser und anderen Lektionen. Es war auch keine überflüssige und unzeitige Zehrung, oder Gasterei, denn Jedermann wartete seines Studierens, darum er an diesen Ort gekommen war, wie denn Gott an diesem Tische viele gute und große Leute erzogen hat, mit denen ich mich, so Gott will, an jenem Tage als Tisch- und Studierfreunde in alle Ewigkeit zusammen halten will.

Von teuren und berühmten Leuten in allen Fakultäten kannte ich da viele erleuchtete Männer, und jedermann muß dieser Universität den Ruhm lassen, daß der Stab Aarons allda redlich ausgeschlagen, lieblich geblühet, und viele gute Früchte getragen habe, wie denn heut zu Tage wenig Schulen und Herrenhöfe sind, wo man nicht Frucht von diesem Stabe fände. Gott gab Leute diesem Orte, die von Grund und Korn redeten; nachdem die Gelehrten bis dahin nur in Platos Gruft gesessen, sahen sie nun über die Erde hinaus und wußten, wozu fremde Künste und Sprache dienen sollten. Ich habe vom Herrn Doktor am Tische gehört, daß Herzog Georg zu Sachsen den Erasmus in geistlichen Händeln, schriftlich habe um Rat fragen lassen, als aber der schlüpfriche Mann eine zweifelhafte und verdrehte Antwort gab, die weder kalt noch warm war, soll der weise Fürst gesagt haben: „Lieber Erasme, wasch mir den Pelz und mach ihn nicht naß, ich lobe mir die von Wittenberg, die behalten doch kein Mehl im Maul, sondern sagen frei und redlich heraus, was ihre Meinung sei." Da zu Worms im *Colloquio*[50] Doktor Kreutziger unseres Teils Notarius war, sagte Granvella der Präsident: „Die Lutherischen haben einen Schreiber, der ist gelehrter als alle unsere Papisten." So sagte auch der berühmte welsche[51] Jurist Kurtzius in Ingolstadt, als er Juristen von Wittenberg ihre Argumente, rund und kurz, in einen schlanken *Syllogismus*[52] zwingen hörte, das wäre die rechte aristotelische Weise und Manier, welche der Vernunft eigentlich gemäß ist. Auch sagte der Bischof Lange zu Salzburg: „Es gibt viele Gelehrte in Wittenberg, will man ihnen was anhaben, so müssen wir auch auf gute Schulen denken, mit Schwert und Gewalt werden wir sie nicht dämpfen."

Diese Zeugnisse von fremden großen Leuten zu Ehren der Universität, füge ich hier bei, um zu erklären, wie so viele gute Leute sich aus dem ganzen Römischen Reiche in Wittenberg versammelt haben, um dort Weisheit zu hören und zu holen. Ich lasse alle andere Schulen in ihrem Wert, aber ich bin noch ein Student von Wittenberg, Gliedmaß dieser Schule und Bürger ihrer Kirche, und vieler christlicher Männer Jünger, die mich nachmals in ihre Freundschaft genommen, dabei

---

[50] Gelehrtengesprächsrunde.
[51] Siehe Fußnote 17.
[52] Ein logischer Schluß.

mich unser lieber Gott 34 Jahre lang redlich und standhaft erhalten hat.

Ich komme wieder zurück auf unsere Geschichten. Nachdem das Geschrei erschollen war, Kaiser Karl werde auf's künftige Jahr wieder in Deutschland ankommen, hatten gute Leute gern gesehen, daß der Zwiespalt, den die oberländischen und schweizerischen Kirchen mit den sächsischen des Abendmahls wegen hatten, verglichen und vertragen würde, weil diese Angelegenheit auch zwischen den Weltlichen gesplittert hatte. Darum ließ der Landgraf zu Hessen an Doktor Luther den Wunsch gelangen, daß er und andere Auf diesen Tag, der zu Marburg angestellt, erscheinen wolle. Obwohl Luther wenig gute Hoffnung, zu diesem Gespräch hatte, und fürchtete, daß wohl gar etwas Nachteiliges daraus entstehen mögte, wie denn seine Vorsorge selten gefehlt hat, ließ er sich dennoch aus brüderlicher Liebe bewegen, diesen angestellten Tag zu besuchen. Darauf hält er zuvor eine öffentliche Disputation vom werten Abendmahl, in welcher Magister Veit Dietrich und Bonnus von Lübeck, nach löblichem Schulgebrauch, wider des Herrn Doktors Bekenntnis, Fragens und Lernens halber disputierten. Man brachte aber wenig Neues zu Tage und es blieb dabei, daß man in gläubiger Einfalt an klaren Worten des Herrn hängen und alle Spitzfindigkeit gefangen nehmen müsse.

Um Michaelis macht sich Luther mit Melanchthon und Jonas nach Marburg auf. Dahin kamen auch die oberländischen Lehrer mit den Herren Brentzius, Osiander, und Steffen Agricola. Doktor Luther bespricht sich mit Oecolampadius, Melanchthon mit Zwingli. Weil aber die oberländischen Lehrer damals auch in anderen Artikeln abwichen, hält Luther dem Oecolampadius diese Artikel vor, wie auch Philipp dem Zwingli. Nachdem sich diese aber darüber genügend erklärt haben, da greift man zum Artikel vom Abendmahl, und Luther erklärt öffentlich, daß er von seinen Schriften nicht weichen könne, weil sie auf Gottes Wort gegründet wären. Die Gegner legen sich auf den Spruch Johannes 6., das Fleisch sei keinem nütz, und ein natürlicher Leib könne nicht auf einmal an verschiedenen Orten sein, und Sakramente wären Zeichen, darum bedeuteten sie nur den Leib Christi. Luther entgegnete darauf, man könne von Christi verklärtem Leibe, nicht wie von unserem natürlichen und menschlichen Leibe reden, und der Text laute, nicht vom Fleisch Jesu Christi, welches das Leben bringt und gibt, sondern vom fleischlichen irdischen Verstande. Was die Deutung der Sakramente belange, so sei es wahr, daß sie Zeichen wären, aber sie sollten nicht anders gedeutet werden, als Christus sie selbst erklärt habe. Die Gegner Luthers hatten ihren Karren zu weit hineingeführt, so kam's, daß sie, obwohl nachgiebig in anderen Stücken, den Artikel vom Abendmahl weiter aufschoben.

„Ach ihr Herren seht Euch wohl vor," sagte Luther, „zu besorgen ist's Ihr werdet in dreien Jahren eure Hände über euren Köpfen zusammen schlagen." Und so ist's geschehen, denn ehe diese Zeit verging, ward Zwingli im Kriege erstochen und den Oecolampadius erstickte diese böse Nachricht auf seinem Lager.

Als nun unser Doktor mit den Seinigen wieder heimkommt, hält er wieder an mit Lesen, Predigen und Schreiben, aber im Anfang des Jahrs 1530, entbrennt sein Eifer wider seine eigenen Pfarrkinder, denen Gottes Wort schier zum Hohn und Gespött wurde. Er hielt ihnen eine sehr heftige Bußpredigt, ließ sich auch öffentlich vernehmen, forthin nicht mehr predigen zu wollen, hielt auch eine Zeitlang inne, bis der Eifer erkaltete, und der Beruf in seinem Herzen entbrannte, daß er wieder auftrat. Große Leute haben hohe Gedanken, und ihre sonderliche Anfechtung, darin wir Einfältige, uns nicht alleweg schicken können, Moses zuwirft in seinem Zorn die beiden Tafeln, darauf die zehn Gebote geschrieben standen, St. Paulus gibt die korinthischen Blutschänder dem Teufel. Zwar hat es unserem Doktor oftmals herzlich wehe getan, daß seine Schriften so rauschen wie der Platzregen, und wünschte vielmals, daß er so fein sachte und lieblich könnte regnen, wie Herr Philipp und Brentius, aber einerlei Geist hat mancherlei Wirkung, und wir, die wir Landstraßen oder gemeine Fußpfade reisen, sollen denen nicht nachsehen, die querfeldein, durch Wasser, Wälder, Berg und Tal ihre Wege nehmen, viel weniger sollen wir von großer Leute Ernst, Brunst, Eifer und Heftigkeit leichtlich urteilen: sie haben ihre Seigersteller[53] und Schirrmeister[54] bei sich im Herzen, das herrscht oft über sie, bringt sie auf, treibt sie fort, und

---

[53] Ein Uhrsteller. Jemand der die öffentlichen Uhren überwachte und in Gang hielt.
[54] Jemand der für Wagen, Pferdegeschirr und Zubehör zuständig ist. Meist militärisch.

führt sie, wohin sie nicht gedenken, und lenkt ihre Reise wunderbarlich hinaus, daß sich jedermann darüber zu kreuzigen und zu segnen hat. Als der Doktor einst von der Rebekka las, die wider ihres Mannes Willen und Befehl, ihren jüngeren Sohn den Jakob einschwärzte, hab ich diese Worte von ihm gehört: „Rebekka fing es unordentlich an, aber sie führte es hinaus, also habe ich auch oft aus der Fuhrstraße gesetzt, und ein stark Vaterunser vorgelegt, und zur Brücke gebraucht; hinaus bin ich mit Gott kommen, aber ich rat's Euer keinem, bleibt auf dem gebahnten Wege, handelt nach der Regel, so verzäunet man Euch nicht." Darum laßt uns nach der Regel handeln, und da etliche von der Regel geschritten sind und haben's gleichwohl hinausgeführt, lasset uns über große wunderbare Leute verwundern, und Gott für ihren Heldenmut danken, wir müssen auch Platzregen und Sturmwind haben, den alten Schnee wegzublasen.

Als nun Kaiser Karl seine Sache in den Erbkönigreichen rühmlich verrichtet hatte und wieder nach Deutschland zu reisen beschloß, zieht er erst aus Spanien nach Welschland[55], um zu Bononien[56] die kaiserliche Krone zu empfangen. Als aber der Papst Clemens heftig darauf drang, der Kaiser solle die neue Lehre mit Schwertsgewalt in deutschen Landen ausrotten, hat dieser löbliche Kaiser durch seinen Kanzler Merkurinum antworten lassen: Es wären zwei Wege vorhanden, Friede und Einigkeit in der Christenheit aufzurichten, entweder mit Gewalt die Halsstarrigen zu

---

[55] Italien.
[56] Siehe Fußnote 42.

strafen, oder versöhnliche Mittel zu wählen. Nun hätte es nicht allen geglückt, die sich mit dem Schwert in solchen Fällen eingelassen, wie Kaiser Sigismunds Historie es bezeuge, deswegen wären seine Majestät gesinnet durch die Gelehrten zu versuchen, ob die erregten Irrungen in der Religion beigelegt werden könnten. - Wie dieses des Herrn Kaisers Kanzler vortrug, fällt ihm Papst Clemens in die Rede und sagt ihm, er habe keinen Befehl gehabt dies vorzubringen. Aber Kaiser Karl beginnt darauf selbst diese Meinung mit großem Ernst vorzutragen, und so wenig dieser Weg den blutdürstigen Leuten gefiel, so beschloß doch Kaiser Karl diese hohe Sache in Güte vorzunehmen.

Deswegen ward der Reichstag zu Augsburg auf den Mai des Jahres 1530 ausgeschrieben, welchen Kaiser Karl in eigener Person besuchte, damit allda sowohl von der streitigen Religion, als auch von der Hilfe wider den Türken getreulich gehandelt werde. Während die Papisten des Reichstags mit seltsamen Hoffnungen warteten, daß den Protestierenden all ihr Herz und Mut entfallen werde, beratschlagte sich Kurfürst Johann mit seinen Gelehrten, und beschloß, daß sie den Reichstag besuchen wollten. In der Marterwoche[57] ist Doktor Martin, Herr Philipp und Doktor Jonas aufgebrochen, und in den nächsten Tagen in Coburg eingetroffen. Auf diesem Schloß hat man aus großem und wichtigen Bedenken Doktor Luther zurückgelassen, damit die Widersacher durch seine Gegenwart nicht härter erbittert und die Hauptsache verunglimpft würde. Obwohl unser Doktor auf Rat und Befehl seiner

---

[57] Die Woche vor Ostern.

Obrigkeit und christliches Bedenken seiner Freunde in seinem Gewahrsam blieb, dennoch ist ohne sein Vorwissen von den Protestierenden in Religionssachen nichts vorgenommen worden; so wie er denn auch, ehe man von Torgau abreiste, 17 Artikel kurz und rund gestellt hat, daraus hernachmals die Augsburgische Konfession, samt der Apologie gesponnen ist. Wie aber der Geist Gottes mancherlei Gaben und Wirkung hat, so war Melanchthon mit sonderlicher Geschicklichkeit begnadet, geistliche Händel rund und ordentlich zu fassen, und Luther bekannte selbst, als ihm Melanchthons Konfession zugeschickt wurde, daß er so sanft und leise nicht hätte treten können. Als er nun auf die Landesgrenze verordnet war, damit man ihn im Fall der Not bald erreichen könnte, zieht der Kurfürst zu Sachsen fort und ist der erste, der zu Augsburg ankommt, allwo er seine Prediger Gottes Wort frei und öffentlich predigen läßt, obwohl es etlichen mißfallen.

Unterdessen bricht Kaiser Karl von Innsbruck auf, nimmt seine Reise durch Bayern und kommt zu Augsburg am Abend *corporis Christi*[58] mit großem Gepränge an; denn außer den Bevollmächtigten des Papstes, dem Kardinal Compegio, zogen viele Fürsten und Herrn und Abgesandte dem Kaiser entgegen.

Am selbigen Abend hat der Kaiser vom Kurfürsten zu Sachsen und seinen Mitverwandten begehrt, daß sie mit ihrem Predigen einhielten. Obwohl sie mehrmals untertänigst um die Erlaubnis zu predigen baten, und auch Graf Georg sich öffentlich hatte vernehmen lassen,

---

[58] D. i. Fronleichnam. Das Kirchenfest wird am zweiten Donnerstag nach Pfingsten gefeiert.

er wolle eher vor dem Kaiser niederknien und das Haupt abschlagen lassen; dennoch haben die Protestierenden nachgegeben, weil Augsburg eine Reichsstadt sei, und der speyerische Abschied festsetzte, daß eine jede Obrigkeit seine Religion bewahren solle, wie sie's gegen Gott und Kaiser zu verantworten wisse, demnach könne man dem Herrn Kaiser in seiner kaiserlichen Reichsstadt keine Vorschrift geben. Nach diesem Entschluß ist Kaiser Karl persönlich samt vielen Fürsten und Herren mit einem gesegneten Brote von seinen Geistlichen in der Stadt umgegangen; der Kurfürst von Sachsen, Markgraf Georg zu Brandenburg, der Landgraf zu Hessen, beide Herzöge von Lüneburg und Fürst Wolfgang zu Anhalt ließen sich entschuldigen, daß sie nicht mitfolgten. Am folgenden Sonnabend hat der Kaiser durch seinen Herold mit zwei Posaunen ausrufen lassen, daß die päpstlichen Geistlichen Episteln und Evangelien nach dem bloßen Text, ohne alle Auslegung hersagen sollten, und daß niemand bei Leibesstrafe predigen solle. An diesem Tage hat auch der Kaiser das Geschenk des Kapitels zu Augsburg angenommen, sie selbst angehört und ihnen diese Worte gesagt: Sie sollten den Allmächtigen für ihn als für einen armen Sünder bitten, daß er ihm seinen heiligen Geist sende, der ihn unterweise, was in dieser großen Sache auszurichten möglich wäre! Wobei seiner Majestät die Augen übergegangen sein sollen. Montags, hernach hat der Kurfürst zu Sachsen nach dem Rat seiner Theologen das kaiserliche Gepränge beim Hochamte im Dom als ein Marschall des Reichs und als einen schuldigen Dienst dem Kaiser zu Ehren geleistet.

Am 25. Juli ist nach vielfältiger Handlung die christliche Konfession unserer Religion, wie sie Doktor Luther viele Jahre gelehret, und wie sie damals durch Melanchthon ordentlich und bescheidentlich zusammengefaßt, dem Kaiser Karl und dem König Ferdinand, so wie dem ganzen Römischen Reiche öffentlich durch, Doktor Christian Bayer im Namen des Kurfürsten zu Sachsen, des Markgrafen Georg zu Brandenburg, Herzogs Hans Friedrich zu Sachsen, Herzogs Ernst zu Braunschweig, Philipps Landgrafen zu Hessen, Herzogs Franz zu Lüneburg, Fürst Wolfgang zu Anhalt, und der zwei Städte Nürnberg und Reutlingen, an des Bischofs von Augsburg Hofe öffentlich in deutscher Sprache vorgelesen, und darauf dem Kaiser lateinisch und deutsch überantwortet worden.

Als nun dieses Bekenntnis frei und öffentlich vor dem Kaiser und dem ganzen Reiche verlesen, hat Doktor Bruck die lateinische und deutsche Konfession dem Schreiber des Kaisers zugestellt, um sie dem Erzbischof von Mainz zu überreichen. Aber Kaiser Karl hat selbst danach gegriffen und sie zu sich genommen mit gnädigem Erbieten, er wolle der Sachen ferner selbst nachtrachten.

Sobald diese Konfession verlesen und überantwortet war, erhielt sie Lob von allerlei Nationen, denn obwohl die Wahrheit nicht unangefochten bleibt, zwingt sie doch bisweilen, daß ihr auch Beifall gegeben werden muß. Doktor Luthers Lehre war durch böse Beichtväter und Hofheuchler bei vielen großen Leuten fälschlich beschweret. Als nun etliche aus den Widersachern dieses Bekenntnis des Glaubens anhörten, so setzten mehrere große Fürsten ihre Gelehrten hierüber zur Rede; und Herzog Wilhelm von Bayern soll zu Doktor Eck gesprochen haben, so habe man ihm zuvor nie gesprochen von dieser Sache und Lehre.

Der Kaiser übergab nun die Konfession den Doktoren der Römischen Kirche, die sitzen wohl einen ganzen Monat darüber, machen's aber so abenteuerlich, daß auch einige ihres Teils großen Verdruß über ihre Ratschläge haben. Endlich auf emsiges Anhalten werden die zwanzig Doktoren fertig, und überantworten dem Kaiser ihre Schrift mit einem kräftigen Haufen Schmähbücher, die sie und andere ihrer Glaubensgenossen, aus Doktor Luthers Schriften zusammengestoppelt hatten, es sollen 300 Blätter gewesen sein, denn böse Zimmerleute machen viele Späne, und verderben viel gutes Holz.

Als diese Widerlegung der Papisten verlesen, baten die Konfessionsverwandten um eine Abschrift, doch diese wurde ihnen abgeschlagen. Wer Unrecht hat oder handelt, der scheut das Licht, maust und fliegt bei Nacht, wie eine Nachteule und Fledermaus: Gott hatte auf diesem hochlöblichen Reichstage für Doktor Luthers Lehre einen Feiertag angesetzt, auf daß viele fremde Fürsten und Nationen der seligen Konfession mit allem Fleiß nachdenken könnten, wie denn auch vieler Fürsten Erben, die damals zu Augsburg waren, diese Konfession späterhin erkannten, und wie große Leute behaupten wollen, der Kaiser selbst auf seinem Totenbette sie gebilligt und angenommen habe und darauf seliglich im Namen Christi entschlafen sei.

Als nun die Konfessionsverwandten, so viel sie von der Widerlegung erfahren und aufzeichnen konnten mit guten Gründen widerlegten, so wurde von weisen und friedlichen Leuten angegeben, daß ein Ausschuß von beiden Teilen angeordnet würde, welcher die Sachen vermitteln und auf versöhnlichem Wege richten solle. Der Kaiser selbst sagte, wenn die Pfaffen frömmer wären, bedürften sie keines Luthers; auch stand ihm sein Herz immer nach Friede und Einigkeit, seit er in eigener Person zwei so gute und lehrhafte Predigten, erst zu Worms und jetzt zu Augsburg angehört hatte. Unter solchen Umständen ward nun ein Gespräch von beiden Teilen angestellt, welches Wahrheit und Lüge, Christum und den Teufel, Evangelium und den Papst, Doktor Luthers und der zwanzig Gelehrten Lehre miteinander vereinigen sollte. Als aber nach langer Verhandlung kein Weg zu dieser gefährlichen Vereinigung gefunden werden konnte, trachtete man zum Abschiede, und des Kaisers Redner trug vor, daß nachdem der Kurfürsten zu Sachsen und seiner Verwandten Konfession durch die römischen Kirchengelehrten mit heiliger Schrift genügsam widerlegt sei, und sie gleichwohl vorsätzlich dabei verharrten, so würde des Kaisers Majestät samt dem Reich veranlaßt, solche Widerspenstigkeit nach aller Härte zu strafen. Es sagen aber die Weisen, man solle nicht so hart erschrecken, wenn sich die Herren ungnädig erzeigen, und sich nicht zu viel darauf verlassen, wenn sie einem viel Gutes und Gnädiges versprechen, es kann sich beides im Augenblick ändern.

Wer Gott und seinem guten Gewissen vertraut, der bleibt ein unverdorbener Mann, und führt seine Sache mit Ehren aus. Der Kurfürst und seine Mitverwandten nach gehaltenem Rat, haben beschlossen, sich mit einer deutschen und geraden Antwort vernehmen zu lassen, denn: gerade zu[59] mache gute Renner. Darauf ist durch Doktor Bruck geantwortet: Man könne sich in der erhaltenen Antwort des Gegenteils keiner Widerlegung aus Gottes Wort erinnern, darum könnten sie auch von der klaren Schrift der Propheten und Apostel nicht abstehen. Darüber möge ergehen, was des gnädigen Gottes Wille sei, dem sie hiermit, neben wiederholter Appellation auf ein gemeines freies christliches Konzilium in deutschen Landen, alle Sachen heimgestellt hätten.

Ob nun wohl Hofbriefe und Edikte ausgebracht waren, so sind diese doch nicht ins Werk gesetzt, sondern in wenig Jahren gelindert und gehemmt worden.

Hiermit beschließen wir den Reichstag zu Augsburg und kommen nun zu unserem Doktor, der in seiner Gewahrsam auch nicht feierte, sondern seine Hände zu Gott aufhob, und wenn sie matt wurden, sie auf Christum den rechten Fels legte. Es ist ein Brief vom Magister Veit Dietrich aus Coburg vom 30. Juli an Herrn Melanchthon geschrieben, darin meldet der ehrliche Mann, er könne sich nicht genügsam verwundern über Luthers Beständigkeit, Freude, Glauben und Hoffnung in diesen gefährlichen Zeiten, über seine tägliche und gottesfürchtige Betrachtung und Übung in Gottes Wort. Er lasse keinen Tag vorübergehen, da er

---

[59] Eine gerade Strecke...

nicht drei Stunden, die zum Studieren am bequemsten wären, zum Gebet nähme. Es sei ihm auch einmal geglückt, daß er ihn habe beten hören; die Tage seines Lebens werde er nicht vergessen, mit welchem Glauben und herzlicher Zuversicht er mit Gott rede, wie ein Kind mit seinem Vater. „Ich weiß," habe Doktor Luther damals gebetet, „daß du unser lieber Gott und Vater bist; darum bin ich gewiß, du wirst die Verfolger deiner Kirche vertilgen; tust du es nicht, so stehst du mit uns in gleicher Gefahr. Die Sache ist dein, es trifft, deinen Namen und deine Ehre, deine Bekenner zu Augsburg zu schützen. Du hast es zugesagt und kannst es halten und hast's von Anbeginn getan, darum laß jetzt deine Hilfe auch in diesen Nöten scheinen."

Außer dem Gebete ließ er viele gottselige und tröstliche Bücher ausgehen. In diesem Jahre wurde der Widerruf vom Fegefeuer geschrieben, darin er der Mönche Vogelherd[60] treulich abmalte, so auch das gute Buch von den Schlüsseln, darin er der heiligen Absolution das Wort redet und der Römischen Kirche Dietrich[61] scheuert und reinigt. Aus Coburg schreibt er den anderen Psalm mit einer christlichen Erinnerung an den Kardinal von Mainz, daß er, als der Primas von Deutschland, das Reich Christi wolle fördern helfen. So läßt er auch eine starke Ermahnung an die Geistlichen auf dem Reichstage mit hohem Ernste fertigen.

---

[60] Ein Fangplatz für Vögel.
[61] Auch Nach- oder Diebsschlüssel: Bezeichnung für einen Universalschlüssel für alle Schlösser.

In diesem Jahre geht auch das schöne *Confitemini*[62] aus, der tröstliche Psalm, an welchem Stab und Stecken sich Doktor Luther in seinen Nöten hielt. Denn weil ihm der Satan und die Welt nach Leben und Seele trachteten, ergreift er mit gläubiger Zuversicht den schönen Vers, *non moriar, sed vivam, et narrabo opera domoni*[63]. Diesen wunderschönen Vers hat er mit seiner eigenen Hand an alle Wände geschrieben und mit der *Antiphone*[64] oftmals gesungen, auch daneben von Ludwig Senfli, dem berühmten Komponisten aus Bayern begehrt, der wolle ihm diese zwei Gesänge mit etlichen Stimmen schmücken, denn die liebliche Musik könne mit und neben Gottes Wort den Teufel und sein Geplempe verjagen, ein betrübtes Herz erquicken und trösten. Mein guter Freund Senfli, der mir durch den Pfarrer zu Bruck viele liebliche Psalmen zugeschickt, willfahrte mit Freuden Doktor Luther, und schickte ihm die schönen *Motetten*[65], das *non moriar* und *Respons*[66] *in pace in id ipsum*[67], so wie auch sein künstliches *ecce quam bonum*[68], welches er dem Reichstag,

---

[62] „Danket dem Herrn, der er ist freundlich, und seine Güte währet ewiglich." Ps. 118, V. 1.
[63] „Ich werde nicht sterben, sondern leben und des Herrn Werke verkündigen." V. 17.
[64] Wechselgesang.
[65] So heißen mehrstimmig gesetzte und fugenartig behandelte Tonstücke über einen biblischen Text.
[66] Gegengesang.
[67] ...*dormiam et requiescam*. „Im Frieden und in demselben soll ich schlafen und ausruhen."
[68] „Siehe wie fein und lieblich ist's, daß Brüder einträchtig beieinander wohnen." Ps. 133.

als der Kaiser ankam, zur Ermahnung ausgehen ließ, mich und meine Mitsinger, neben seinem *nunc dimittis*[69] oftmals von Herzen erfreut hat.

Neben solchen Beschäftigungen hatte der Doktor viele Gesandte und gute Freunde abzufertigen, denn da die Konfessionsverwandten der Zwinglianer Bekenntnis vom Abendmahl nicht aufnehmen wollten und gleichwohl etliche gern sich mit den Schweizern verbunden hätten, wurde Martin Butzer nach Coburg abgefertigt, sich mit Luther über diesen Artikel zu vereinigen. Butzer kommt gerade an einem Tage an, nachdem Luther den Abend zuvor einer Fledermaus das Herz mit einem Pfeil getroffen und dasselbe am Pfeil aus dem Leib gezogen hatte, wie ich diese Historie von meinem alten Freund Veit Dietrich zu Altenburg auf der Schule gehört habe. Als nun Luther sich christlich und freundlich vernehmen ließ, es solle bei ihm an Liebe und Einigkeit kein Mangel gespürt werden, sofern sich die anderen nach Gottes Wort vernehmen ließen, nimmt Butzer in guter Freundschaft seinen Abschied, und läßt dies zu den Seinigen gelangen, wie er denn auch endlich 1537 in ein christliches Bekenntnis sich wissentlich einließ, welches er und viele andere neben Luther und Melanchthon mit ihren eigenen Händen unterschrieben.

Hier will ich noch mit einem Worte erwähnen, wie unser Doktor in seinem Pathmus vielmals von Johann Karg, dem Pfarrer des Orts die heilige Absolution

---

[69] ...*servum tuum Domine, secundum verbum tuum in pace*: „Herr, nun lässest Du Deinen Diener in Frieden fahren, wie Du gesagt hast." Luk. Kap. 2, V. 29.

begehrt und durch das heilige Abendmahl herzlichen Trost bekommen habe, wie er seinen Beichtvater derwegen oft gerühmet, durch dessen Wort ihn der Herr Christus kräftig erquicket.

Nach solchen ernsthaften Arbeiten erlustigte er sich auch, wenn er schwach ward, an den weisen Fabeln Aesops, schmückte ihn mit reinen derben und guten deutschen Worten, und machte 16 schöne Fabeln, die voll Weisheit darlegen, wie es in der Welt und im Hauswesen zuzugehen pflegt. Große Leute haben von je solche verdeckte Reden gebraucht, und bisweilen nicht allein zum Scherz, sondern auch in wichtigen Angelegenheiten, insbesondere brauchen wir Deutsche viele gute Fabeln und Sprichwörter, von wenig Worten, die aber viele Gedanken geben.

Mehrmals hat der Doktor den sächsischen Reinecke Fuchs mit zu Tische getragen und über Essen darin gelesen. So hörte ich auch von ihm über Tische gute Fabeln und Sprichwörter; als von der Krähe, welche die Affen strafte, die aus einem Johanniswürmlein[70] Feuer blasen wollten, und darüber ihren Kopf verlor. „Also geht's," sagte er, „wenn man Leuten, die keinen Verstand haben, einreden will, Affen und Pfaffen lassen sich nicht strafen, wie ich's aus langer Erfahrung bin gewahr worden." So gedachte er auch des Affen, der Holz spalten wollte und des Keils vergaß, und da er die Axt auszog, darüber zu Schaden kam. Er gedachte auch des Frosches, der auf dem Heller saß, und sich rühmte, Geld brächte Ehre. Wie er auch der Schwärmer spottete, mit dem alten Sprichwort: Rühme dich nicht

---

[70] Leuchtkäfer.

Räuplein, dein Vater war ein Kohlwurm. So erzählte er, als man eines Mannes erwähnte, der sich heuchelnd und glimpflich stellte, von der alten Maus und ihren Töchtern, wie diese sich vor dem rauschenden Hahn, und nicht vor der schleichenden Katze fürchteten: „Hütet Euch," sagte die Mutter Maus, „vor den Schleichern, die Rauscher tun euch lange nichts." So sagte er auch, als man meldete, daß einige Herren große Klostergüter an sich gezogen und Hofschranzen damit begnadet hatten: „Wenn jemand einen Braten vom Altar nimmt, so bleibt gemeiniglich eine glühende Kohle daran hängen, die verbrennt Nest und Jungen."

Einst schrieb er seinem Söhnlein Johann diese Fabel vor, die er verlateinen sollte. Ein Krebs wollte über Land reisen, kommt unterwegs zur Schlange, und diese wird sein Gefährte, nun windet und schlingt sich die Schlange, geht die Quer und macht sich krumm: der Krebs der auf vielen Beinen übel zu Fuß war, folgt seinem ungeraden Wandergesellen, geht sich außer Atem, mergelt sich in dieser schweren Reise ab. Wie es Abend wird, kehren beide unter einem Strauche ein, die Schlange legt sich in einen Ring und fängt an zu schlafen und zu schnarchen. Der Krebs ist müde und es störet ihn das Schnarchen, er will die Schlange stoßen, damit sie ruhig schlafe. Wie sie auffährt und sich wehren will, ergreift er sie mit seiner Schere beim Kopf und drückt hart zu, bis ihr der Atem ausgeht, da streckt sie sich der Länge nach aus und liegt so tot fein gerade. „Ei," sagt der Krebs, „wenn du heut so gerad gegangen wärest, hätte ich auch besser folgen können." Ach wie sauer wird's dem, der mit krummen zweizüngigen giftigen Leuten ratschlagen soll.

Höret noch eine Geschichte, obwohl die Sanduhr ausgelaufen ist. Da ich und andere gute Freunde dem Herrn Melanchthon das Geleit von hier gaben, sagte er uns im Wiesental über Tische diese Fabel: Eine große Schlange verfiel sich in einer Höhle und schrie jämmerlich. Ein Bauer kommt zum Loch, fragt, was da sei, sie bittet, er wolle ihr heraus helfen. „Traun[71] nein," sagt der Mann, „an bösen Tieren ist nichts Gutes zu verdienen, ich sollte wohl eine Schlange in meinem Busen aufziehen." Die Schlange hält an und verspricht dem Bauer, sie wolle ihm bei ihrem Gott, der einmal durch sie geredet, den besten Lohn verschaffen, so die Welt pflege zu geben. Große Verheißungen betören auch die Weisen, der Bauer hilft der listigen Schlange heraus, darauf will sie ihn zum Lohn fressen. „Hab' ich das um Dich verdient, ist das deiner Zusage gemäß?" sagt der Bauer. „Ich bin zweizüngig," sagt die Schlange, „die Welt, lohnt nicht anders, wer einen vom Galgen bittet; der wird von ihm gemeiniglich drangebracht." Wie der Bauer in Ängsten so da steht, sagt die Schlange: „Da du mir nicht glauben willst, so wollen wir's auf die nächsten zwei ankommen lassen, die uns begegnen, was sie in dieser Sache sprechen, das soll uns beiden wohl und wehe tun." Bald kommt ein altes Pferd, dem legen sie die Sache vor, das spricht als Schiedsmann: „Ich habe meinem Kärner[72] fünf Jahre gedient, morgen will er mich dem Schinder geben, die

---

[71] Siehe Fußnote 40.
[72] Fuhrmann.

Welt lohnt nicht anders." Desgleichen spricht der alte Hund, auf den sie es nun ankommen lassen: „Ich habe zehn Jahre Tag und Nacht meinem Junker viele Füchse und Hasen fangen helfen, jetzt hat er seinem Jäger befohlen, er soll mich an eine Weide henken, das ist der Welt Lohn." Dem Bauer wird bange zu Mut, inzwischen trabt ein Füchslein daher, dem legt der Bauer die Sache auch vor, und verheißt ihm heimlich seine Hühner; er solle ihm von dem bösen Wurm loshelfen. Der Fuchs unterzieht sich dem Handel, beredet die Schlange, daß sie ihm jene Höhle zeigt, und wie ihre Gefahr und des Bauern Dienst gewesen sei. Sie kommen zum Loch, der Fuchs fährt ein, die Schlange ihm nach und zeigt ihm alle Gelegenheit. Ehe sich die Schlange umwenden kann, wischt der Fuchs heraus und der Bauer legt auf seinen Rat einen großen Stein vor das Loch. Wie nun der Bauer so befreit ist, fordert der Fuchs, er solle ihm auf den Abend das Hühnerhaus offen lassen, der Bauer, verspricht es ihm, sie gehen auseinander. Der Bauer kommt heim, berichtet seinem Weibe alles und auch was er dem Fuchs für seine *Prekuratorei*[73] versprochen habe. Aber die Bäuerin sagt, Gänse und Hühner gehörten ihr, er habe ihr nichts zu vergeben. Der Bauer zuckt mit den Achseln, will seinem Worte nachkommen, läßt dem Fuchs das Hühnerloch offen, zeigt aber der Frau seinen Dreschflegel und legt sich schlafen. Die Frau nimmt den Dreschflegel, wartet mit dem Knecht die Nacht auf den Fuchs und als dieser mit gutem Vertrauen in das Loch schleicht, bläuen sie mit dem Dreschflegel auf ihn, bis er liegen bleibt.

---

[73] Für den geleisteten Dienst.

„Ach," sagt der Fuchs, „ist denn das recht und der Welt höchster Lohn für die größte Wohltat, so bestätige ich armer Schalk heute dies Weltrecht mit meinem Leben und Balg." Darauf lächelte der gute Herr Melanchthon, denn er hatte des Danks von den Semen auch nur wenig bekommen, und sprach: „Lernt hieraus, um der Welt Lohn und Dank willen nichts anfangen, um ihres Undanks und Untreue willen nichts unterlassen."

Zum Beschluß hört nun auch meinen Sperling, denn der Mäusemist will sich doch immer unter den Pfeffer mengen: Ein Sperling hatte vier Jungen in einem Schwalbennest. Wie sie nun flügge waren, stießen böse Buben das Nest ein, sie kommen aber alle im Windesbrausen davon. Nun ist's dem Altem leid, daß er seine Söhne, ehe sie in die Welt gekommen, nicht vor allerlei Gefahr gewarnt, und ihnen nicht gute Lehren vorgesagt habe, aber was war nun zu tun. Auf den Herbst kommen viele Sperlinge in einem Weizenacker zusammen, da trifft der Alte seine vier Jungen an, und führt sie mit Freuden heim. „Ach meine lieben Söhne," sagt er, „was habt Ihr mir den Sommer über für Sorgen gemacht, dieweil Ihr ohne meine Lehre von mir im Winde fortkamet; höret mein Wort und folget eurem Vater und sehet Euch wohl vor, kleine Vögel haben auch viele große Gefährlichkeiten auszustehen." Darauf frägt er den Ältesten, wo er sich den Sommer über aufgehalten, und wie er sich ernährt habe. „Ich hab' mich in den Gärten aufgehalten, Raupen und Würmer gesucht, bis dir Kirschen reif wurden." „Ach mein Sohn," sagt der Vater, „die Schnabelweide ist nicht bös, aber es ist große Gefahr dabei, darum hab' forthin deiner wohl Acht, sonderlich wenn Leute im Garten umhergehen, die lange grüne Stangen tragen, welche inwendig hohl sind und oben ein Löchlein haben." „Ja mein Vater," spricht der Sohn, „besonders wenn ein grünes Blättlein auf's Löchlein mit Wachs festgeklebt ist." „Wo hast Du das geschehen?" fragte, der Alte. „In eines Kaufherrn Garten." „O mein Sohn," spricht der Vater, „Kaufleute geschwinde Leute, bist Du um diese Weltkinder gewesen, so hast Du Weltgeschwindigkeit genug gelernt; brauche sie recht und wohl und traue Dir nicht zu viel."

Darauf befragt er den anderen: „Wo hast du dein Wesen gehabt?" „Zu Hofe," spricht der Sohn, worauf der Alte antwortet: „Sperlinge und andere alberne Vögel dienen nicht an diesem Ort, wo viel Gold, Samt, Seiden Harnisch, Sperber, Kauzen und Blaufüße sind, aber wenig Futter herum liegt, halte du dich lieber zum Roßstall, wo man den Hafer schwingt, so kann dir's Glück mit gutem Frieden auch dein täglich Körnlein bescheren." „Ja Vater," sagt der Sohn , wenn aber die Stallungen Schlingen ins Stroh binden, da bleibt auch mancher hängen." „Wo hast du das gesehen?" sagt der Alte. „Zu Hofe bei den Roßbuben," sagt der Sohn. „O mein Sohn," ruft der Alte, „Hofbuben böse Buben; bist du zu Hofe und um die Herren gewesen und hast keine Federn da gelassen, so hast du ziemlich gelernt, du wirst dich in der Welt wohl wissen durchzueisen, doch siehe dich um, die Wölfe fressen oftmals auch die gescheiten Hündlein."

Der Vater nimmt den Dritten nun auch vor sich und spricht: „Wo hast du dein Heil versucht?" „Auf den Fahrwegen und Landstraßen," antwortet der Junge, „bin ich den Leuten nachgeflogen, und habe mein Körnlein immer angetroffen." „Dies ist ja," sagt der Vater, „eine feine Nahrung, aber merk gleichwohl auf deine Schanze und siehe fleißig auf, sonderlich wenn sich einer bückt und einen Stein aufheben will, da ist dir nicht lange zu bleiben Rat." „Wahr ist's," sagt der Sohn, „wenn aber einer zuvor einen Handstein im Busen oder in der Tasche trüge, so hilft die Vorsicht auch nichts." „Wo hast du das gesehen?" fragt der Alte. „Bei den Bergleuten, lieber Vater," antwortet der Sohn, „wenn sie ausfahren führen sie gemeiniglich Handsteine bei sich." „Bergleute, Werkler, anschlägige Leute," ruft der Vater, „bist du um Bergburschen gewesen, so hast du was gesehen und erfahren, fahr hin und nimm deiner Sachen gleichwohl gut Acht, Bergbuben haben manchen Sperling mit Kobalt umgebracht."

Endlich kommt der Vater an den jüngsten Sohn und spricht: „Du mein lieber Guckinsnest, du warst allezeit der albernste und schwächste, bleib du bei mir, die Welt hat viele grobe und böse Vögel, die krumme Schnäbel und lange Krallen haben und nur auf arme Vögel lauern und sie verschlingen; halt dich zu deines Gleichen und lies die Spinnen und Raupen von den Bäumen und kleinen Häusern, so bleibst du lange in Frieden." „Du mein lieber Vater," spricht der Kleine, „wer sich nähret ohne anderer Leute Schaden, dem schadet kein Sperber, Habicht, Aar oder Weihe, wenn er zumal sich und seine ehrliche Nahrung dem lieben

Gott alle Abend und Morgen treulich empfiehlt, welcher aller Wald- und Dorfvöglein Schöpfer und Erhalter ist, der auch des jungen Räblein Geschrei und Gebet höret, denn ohne seinen Willen fällt auch kein Sperling oder Schneeköniglein an die Erde." "Wo hast du das gelernt?" fragt der Vater, und der Sohn antwortet: "Als mich der große Windbraus von dir fortriß, kam ich in eine Kirche, da las ich den Sommer die Spinnen und Fliegen von den Fenstern ab und hörte die Sprüche predigen, da hat mich der Vater aller Sperlinge den Sommer über ernährt, und behütet vor allem Unglück und grimmigen Vögeln." "Traun[74] mein lieber Sohn," ruft der Alte, "fliegst du in die Kirche und hilfst die summenden Fliegen aufräumen, so wirst du wohl bleiben und wenn die ganze Welt voll wilder und tückischer Vögel wäre: denn wer dem Herrn befielt seine Sach schweigt, leidet, wartet, betet, braucht Glimpf, tut gemach, bewahrt Glaub und Gewissen rein, deß wird Gott Schutz und Helfer sein."

Die Kinder dieser Welt sind in ihrer Art klüger und verschmitzter, als die Kinder des Lichts, doch frißt der Wolff oft auch die gescheiten Hündlein und Gott greift die verschmitzten in ihrer Schalkheit und alle listige Füchse kommen endlich beim Kürschner[75] in der Beize zusammen. Wer aber Gott wohl trauet, der hat wohl gebaut und wird in der argen Welt erhalten und endlich mit Ehren vor den Gerichtsstuhl Jesu Christi treten. Komme Herr Jesu Christ, der du uns in deinem

---

[74] Siehe Fußnote 40.
[75] Altes Handwerk in dem Tierfelle zu Bekleidungsstücken verarbeitet werden.

Wort auf die armen Sperlinge weisest und stellest sie uns zu Lehrern vor, erlöse uns, erquicke uns, die wir die Hitze des langen Lebenstages tragen und die summenden Fliegen auf aufräumen, die in der Kirche murren und deine Predigt verhindern wollen. Amen.

Fünfte Predigt.

Geliebte Freunde im Herrn! Es legte einstmals ein Doktor die Frage auf der Kanzel vor: Ob Fürsten auch selig werden könnten, und antwortete darauf: Ja, wenn sie in der Wiege stürben, denn sobald sie auf's Pferd kamen, rennen sie gemeiniglich stracks zur Hölle. Diese Antwort ist in unserer Zeit nicht mehr wahr befunden, wir haben Fürsten gesehen, die mit gottseliger Treue ihr Bekenntnis zu Augsburg ablegten, in ihrem Bekenntnis verharrten, sie werden zum jüngsten Tage mit Ehren und Freuden kommen. Amen.
Als nun der Kurfürst zu Sachsen vom Reichstage zu Augsburg nach Coburg kommt, bringt er Luther mit anderen Gelehrten durch Altenburg, wo ich diesen teuren Kurfürsten in der Predigt zum erstenmal gesehen habe. Von da führt er ihn nach Torgau und Wittenberg. Weil aber flugs nach Ausgang dieses Reichstags ein anderer zu Köln angestellt werden sollte, darauf Kaiser Karl den König zu Ungarn und Böhmen zum römischen König wollte wählen lassen, und daneben über den Abschied zu Augsburg viele harte und sorgliche Reden fielen, hielt der Kurfürst mit den Seinigen etliche Tage Rat, was in beiden Fällen mit gutem Fug

und Grund vorzunehmen wäre. Was der römischen Königswahl wegen behandelt und beschlossen, und wie der alte Herr seinen Sohn Herzog Johann nach Köln abgefertigt, und wider die angestellte Wahl aus der Goldenen Bulle[76] auf Rat seiner Rechtserfahrenen protestiert, gehört nicht für Theologen und auf die Kanzel; denn an St. Petri vermeintlichem Stadthalter ist es deutlich zu spüren, daß es gefährlich sei, wenn Prediger viel in der Goldenen Bulle studieren.

Dann beschäftigten sie sich mit der Frage, ob sich Fürsten und Städte der Religion wegen in ein Bündnis begeben, der hohen Obrigkeit mit Gott und gutem Gewissen widerstehen könnten. Da diese Frage an Doktor Luther gelangt, läßt er sich vernehmen, daß er als Prediger des Evangeliums dazu nicht raten könne, dieweil er niemanden ins Herz sähe, weshalb man solches anfange, und selten damit etwas Gutes ausrichte. Gott werde seine eigene Sache ohne menschliche unbeständige Hilfe wohl vertreten, wie er von Anbeginn kräftig bewiesen. Ob aber ein Christ als Bürger und Mitglied eines größeren politischen Körpers, einer ungerechten Obrigkeit widerstehen könne, darüber weise er sie an die Juristen. Haben nun Juristen hierin viel geraten und geschrieben, das werden sie zu ihrer Zeit zu verantworten wissen. Der Sohn Gottes hat St. Petrus am Ölberge heißen sein Schwert einzustecken, da er ihn

---

[76] Die sogenannte *Goldene Bulle* aus dem Jahre 1356 regelte bis zum Ende des Heiligen Römischen Reiches deutscher Nation 1806 die Modalitäten der Wahl und Krönung der römisch-deutschen Könige. Sie erhielt ihren Namen durch das goldene Siegel der Urkunde.

auch wider gottlose Leute damit verteidigen wollte. Als nun unser Doktor zum Frieden, so wie auch Herr Melanchthon und die anderen rieten, so befand es sich auch bald, daß Kaiser Karl keine Exekution ergehen ließ, wie heftig einige Störenfriede darum anhalten mochten, und den teuren Mann einen toten Falken darüber schalten, vielmehr ließ der friedliche Held innerhalb zweier Jahre einen Reichsfrieden den Protestierenden gnädigst geben. Dieser Landfrieden wurde nach vielfältiger Verhandlung und treuem Anhalten Doktor Luthers den 23. Juli 1532 beschlossen, damit das Reich einträchtig eine beharrliche Hilfe wider den Türken bewilligte, der in diesem Jahre Wien zum zweiten Mal belagerte. Während desselben sollten die evangelischen Kirchen in guter Ruhe und Eintracht Gottes Wort fortbringen können; für welchen löblichen deutschen Frieden wir unserem Gott, dem Kaiser, den Fürsten und Doktor Luther von Herzen danken. Wer Friede begehrt und Liebe dazu hat, dem beschert Gott beiderlei Frieden in der Welt und im Herzen.

In dieser friedlichen Zeit macht das schöne Werk der deutschen Bibelübersetzung von Tage zu Tage unter Luthers Händen große Fortschritte, auch gehen im Jahre 1532 die Summarien für den Psalter aus, welches schöne Büchlein der Doktor in vier Tagen fertigt, indem er täglich vier Stunden daran schrieb, zwei vor dem Essen, zwei nach dem Essen, wie er auch gemeiniglich zweimal an Feiertagen predigte, bisweilen auch dreimal als er jünger war. An einem Sonntag hat er viermal gepredigt, sonst die Woche über zweimal oder dreimal und wenn er gesundgewesen, viermal gelesen, oft disputiert, und an der Übersetzung der Bibel nebst seinen Gehilfen große Arbeit ausgestanden. Der Mann hat nicht gefeiert, und oftmals beim Schreiben Essen, Trinken und Schlafen vergessen. In diesem Jahre sind auch zum Druck gefertigt worden die Predigten, welche unser Doktor vom Könige Christo und seinem geistigen Königreiche gehalten hatte. Außerdem tröstete unser Doktor viele Herzen, die sich Rats bei ihm erholten, wie sie gegen ihre ungnädige Obrigkeit verfahren sollten; er riet ihnen in christlicher Geduld ihre Sache Gott anheim zu stellen, könnten sie aber durch der Juristen Rat bei der hohen Obrigkeit mit gutem Fug etwas erhalten, das müsse er auch geschehen lassen.

Als jetzt nach dem Reichstage zu Augsburg dem Worte Gottes eine große Tür aufgetan war und die Konfession auch in fremden Landen angenommen wurde, wollte der Teufel dem Evangelium abermals einen Schandfleck anhängen und erregte die Wiedertäufer an vielen Orten. Aus der Schweiz waren sie vertrieben; viele kamen dem Henker an den Strick. Die Vertriebenen schlichen sich in der Herren und Bischöfe Lande heimlich ein, wo man die reine Lehre nicht leiden wollte, und säten da ihr Ungeziefer aus. Viele einfältige Leute, die gern Gottes Wort gelernt und nichts Besseres in ihrer Herren Land und Bistum hörten, wurden von diesen Teufelsaposteln bezaubert, kamen heimlich in Gärten und Wiesen auch bei der Nacht zusammen und richteten ein greuliches und wüstes Wesen an. Die Bischöfe und ihre Gelehrten waren viel zu schwach und ungelehrt, als daß sie die Wiedertäuferei mit gewisser Schrift widerlegen und den Leuten den rechten Weg weisen sollten, glaubten doch etliche papistische Lehrer selbst, die Kinder wieder taufen zu müssen, die unter dem Evangelium nach Christi Befehl getauft waren. Weil des Papstes Torheit durch den Mund des Geistes offenbar worden, daß es die Kinder auf den Gassen wußten, so schminkten die Wiedertäufer erst ihre Lügen hiermit. Weil aber ihr Vorhaben dahin gerichtet war, nicht allein des Papstes, sondern auch Luthers Lehre und alle Obrigkeit zu dämpfen, auch ein eigenes Reich vor dem jüngsten Tage anzurichten, suchten sie Raum und Platz, wo sie Aufruhr aussäen und in starker Festung mit Schwerts Gewalt, wie Mahomet, ihre Lehre erhalten möchten. Hierzu ersehen sie sich die Stadt Münster, schleichen sich da in die Häuser und bereden die Leute zur Wiedertaufe. Bernhard Rottmann eifert im Anfang gegen die Wiedertäufer, endlich aber, wie er hofft zu steigen, hilft er der Wiedertäufer Ketzerei mit Hand und Mund verteidigen. Als nun die Wiedertäufer aufkommen, setzen sie den Rat ab, wählen einen eigenen König, teilen die Lande aus, und verschließen die Stadt, richten Mord und ein greulich teuflisch Wesen an, dergleichen ich nirgends gehört oder gelesen habe. Die belagerte Stadt Jerusalem hatte mehr Volk und Zwiespalt, aber in diesem Ort bringt man nicht allein Kinder um, sondern man schlachtete auch viele Leute ins Salz und hängt sie in Rauch, wie auch Hunde, Mäuse und Katzen in der Stadt gegessen wurden. Denn wie die christlichen und benachbarten Fürsten und Städte dieser höllischen Brunst mit ihren Gelehrten nicht wehren konnten, mußte man diese aufrührerischen Schwärmer mit Blockhäusern umschränken, sie abmergeln und aushungern lassen, bis plötzlich die Stadt bei der Nacht erstiegen, die Aufrührer erstochen und ihre Anführer jämmerlich mit Zangen zerrissen und in eisernen Körben aufgehängt wurden.

Unser Luther hatte schon zuvor ein schönes Buch wider die Widertäufer geschrieben, und weil der böse Geist zu Münster sich so grob und tölpisch merken ließ, so wollte er sich wider die münsterischen Aufrührer mit Schriften weiter nicht einlassen, als daß er anderer Leute nützliche Schriften, mit seinen Vorreden und Zeugnissen bekräftigte.

Luther und die protestierenden Fürsten hatten sich mehrmals auf ein Konzilium berufen. Kaiser Karl hielt darum mit höchstem Fleiß beim Papste an, so daß Papst Paulus III. endlich darein willigte und ein Konzilium zu Mantua zu halten beschloß. Nun wurde viel im Deutschen Reich verhandelt, ob man in Welschland[77] am verdächtigen Orte das Konzilium besuchen sollte. Darüber hatten die Protestierenden zu Schmalkalden eine große Versammlung und weil man vorzüglich vom Konzil handeln sollte, bringen, die Fürsten ihre namhaftigsten Gelehrten mit sich, wie denn auch Doktor Martin auf diesem Tage erschienen ist. Vom Konzil, und was allda zu handeln sei, von den Kirchengütern in den protestierenden Landen und Städten, wie diese allein zur Bestallung an Kirchen und Schulen, zum Unterhalt der Kirchendiener gebraucht werden sollten, sind damals nötige und nützliche Handlungen vorgenommen. Luther brachte zu Papier einige Artikel, davon nach Gottes Wort im Konzil handeln müsse,

---

[77] Siehe Fußnote 49.

und gab endlich im Jahr 1539 das teure Buch von Konzilien und Kirchen heraus, darin er den ganzen Handel mit Grund der Schrift sehr richtig zusammenbrachte.

Auf diesem Tage überfällt unserem Doktor, den das Alter zu drücken begann, eine schwere Krankheit; er wird vom Stein[78] sehr hart geplagt, daß er auch bis zum elften Tage verstopft war. Als nun die Krankheit überhandnahm, begehrte er, man sollte ihn aus Schmalkalden fortführen, empfiehlt sich dem Gebet der Kirche und tut ein kurzes und christliches Bekenntnis. Wie unser Doktor diesen Tag gen Tambach kommt, spricht unser Gott seinen Segen zur Arznei und Bewegung, erhört der Frommen herzliche Seufzer und Tränen, und öffnet dem Kranken die Gänge wieder in der Nacht, daß er seiner Last, die er elf Tage getragen mit Freuden entledigt worden. Der Doktor erwähnt in einem Brief, er habe vor Freuden seinen Brunnen selbst gemessen, und wie ich von ihm gehört, in dieser Nacht fast elf Kannen aufgefangen. Als nun unser Doktor fortreiset, folgen ihm Butzer und Likostenes, die von den oberländischen Kirchen nach Schmalkalden abgefertigt waren, die *Konkordien*[79] zu befördern, welche im vorhergehenden Jahr zu Wittenberg abgeredet worden. Luther sagte ihnen er verdenk es ihnen nicht, daß sie so plötzlich sich aus der Sache nicht winden und reißen könnten, ein Teil klage immer, daß er den anderen nicht recht verstanden habe. Den gemeinen Mann

---

[78] Luther hatte schwer unter Nieren- und Blasensteinen zu leiden.
[79] Die ausgehandelten Glaubensgrundsätze, die zur Eintracht unter den reformierten Gemeinden führen sollen.

müsse man aber nicht mit Hohn, schweren und verdeckten Worten belehren wollen, denn er könne es nicht fassen. „Es kommen in die Kirche," sagte er, „kleine Kinder, Mägde, alte Frauen und Männer, denen ist hohe Lehre nichts nütz, sie fassen auch nichts davon, und wenn sie schon sagen, ei, er hat köstliche Dinge gesagt, dennoch, wenn man sie fragt, was war es denn, sagen sie, ich weiß nicht. Ach wie hat unser lieber Herr Christus Fleiß gehabt, daß er einfältig lehre, brauchte Gleichnis vom Ackerbau, von der Ernte, vom Weinstock, vom Schäflein, alles darum, daß es die Leute verstehen, fassen und behalten könnten. Ihr habt bei euch volkreiche Gemeinden, für die ihr unserem Gott müßt Antwort geben; darum fleißiget euch einfältig, treulich und deutlich zu lehren. Sterbe ich, so folgt der Schrift, die ich an den Bürgermeister zu Basel gesandt; lebe ich aber und stärkt mich unser, lieber Gott, will ich gern den Leuten, die mir so freundlich geschrieben, auf's treulichste und freundlichste wiederum mit meiner Schrift dienen."

Scharf war er wieder, scharf, und wie man ihn suchte, so fand man ihn. Wer aber um ihn gewesen, seinen Trost, Glimpf und Gebet gehört hat, kann mit Wahrheit zeugen, daß sein Geist ein sanfter und bescheidener Geist gewesen ist.

Da nun Luther wieder von Schmalkalden heimgekommen, fährt er in seiner Genesis fort, und legt such auf der Kanzel aus des Herrn Christi letzte Predigt im Abendmahl, welche Predigten von Doktor Caspar Kreutziger nachgeschrieben, und in den Druck gegeben sind. Dieses Buch trug der Herr Doktor sehr oft mit sich zur Kirche, und las sehr gerne darin, wie ich aus seinem Munde mit anderen am Tische gehört. „Dieses ist mein bestes Buch," sagte er, „das ich gemacht habe, wiewohl ich's nicht gemacht, denn Kreutziger hat seinen großen Verstand und hohen Fleiß daran bewiesen; dies soll nach der heiligen. Bibel mein liebstes Buch sein."

Während, nun die Kirche in Sachsen vor fremden Widersachern in ziemlicher Ruhe saß, erregten falsche Brüder viel heimlichen Zwiespalt; im Jahre 1538 tat sich ein Poetaster[80] Simon Lemchen hervor, der fing an viele gute Leute mit schändlichen und lästerlichen Versen zu schmähen, und die Verfolger des Evangeliums mit seiner Poeterei zu preisen, auch unseren Doktor in seiner Krankheit zu verhöhnen, wobei ihm großer Leute, Verwandten halfen, daß solche Schmähschriften gedruckt und heimlich ausgestreut wurden, wie auch dieser Lemchen (Lemnius) nachher eine greuliche Lästerschrift, die er den Hurenkrieg nennt, zu Unehren des heiligen Ehestands und der Kirchendiener Ehe ausgehen ließ. Darum wurde gedachter Versmacher ordentlich durch den Rektor zitiert; weil er aber wider seinen gegebenen Eid heimlich fortging, und stellte sich nicht, wurde er wegen seiner Lästerung, auf sein Lebelang von der Universität zu Wittenberg verwiesen. Luther warnte auch öffentlich jedermann gegen diese Schandverse und bat alle Frommen, sie wollten sie Gott und seinem Wort zu Ehren ins Feuer werfen, Nun ist's auch zum Erbarmen, daß vergiftete Leute die liebe Poeterei, darin die heiligen Propheten die Antreibung

---

[80] Ein Dichter.

des heiligen Geistes kund getan, zur Verkleinerung des göttlichen Worts und seiner Diener gemißbraucht haben, wahrlich jeder, der mit Kunst, Gaben und Geschicklichkeit vor anderen begnadet ist, wird dem Austeiler und Geber aller guten Gaben eine schwere Rechnung ablegen müssen.

Da diese Schrift gedämpft, taten sich andere falsche Brüder und undankbare Schüler hervor. Als unser Doktor durch dieses seine Landsleute, Freunde, Schüler und die sein Brot vielmals gegessen hatten, zu Ehren und vielen hohen Ständen befördert, hart betrübt, ward er gedrungen mit Schriften sich wider einige einzulassen. So erschienen seine Schriften wider Johann Eisleben. Als nun sein Gegner sein Mus versalzen sah, und darüber arretiert war, wußte er mit keiner Schrift seine falsche Lehre zu erhalten, sondern bricht durch seinen Arrest, und vergißt sein Gelübde. Ach Gott was hab' ich sehnliche Seufzer gehört und klägliche Worte von Luther um diesen Handel, daß er diese Untreue und schädliche Büberei an seinem lieben Freunde erfahren sollte, dem er seine Kirche, Schule, Weib, Kind und Haus als seinem Allergeheimsten und Vertrautesten befohlen hatte, als er nach Schmalkalden zog.

Als nun die Poeten- und Sprichwortschreiber und jungen Hofprediger heimlich wie giftige Skorpione um sich stachen, allerlei Galle ihren Büchern schenkten, und trachteten, daß sie Leute an sich zögen, wie mir selbst mit Wahrheit vor Gott zu reden, etliche Schriften von ihnen zugestellt sind, sammelte sich immer fein heimlich zusammen allerlei Glockenspeise, die sich im Anfang bei unserem Doktor subtiler Weise einschleicht und die frommen Leute verunglimpfen half. Einer aus dieser Rotte schlug fast einem jeden Doktor zu Wittenberg ein Blechlein an: dem einen, daß er einen Kuchen auf der Kanzel backe, dem anderen, daß er nicht aufhören könne, dem dritten, daß er nur auf einer Saite fiedle, dem vierten, daß in allen seinen Büchern immer dasselbe stände. Überdies gab dieser Dichter und Bauer einem jeden einen sonderlichen Zunamen, der eine hätte seine Kunst in der Garküche gelernt, der andere wäre ein westfälischer Bauer. Das alles gab heimlichen Anfang zu künftigem Zwiespalt, und unser Doktor schob Riegel unter und wehrte treulich, so lange er lebte. Ich stand auf eine Zeit beim Herrn Doktor in seinem Garten, da ließ er sich vernehmen, er würde von seinen eigenen Leuten genötigt und gedrungen, daß er um einen Pfaffenturm beim Kurfürsten anhalten müßte, darin man solche wilde und ungezähmte Leute stecken könnte, ihrer viele ließen sich doch mit dem Evangelium nicht mehr ziehen, und alle die der Bauchsorge wegen ins Kloster gelaufen wären, sprangen fleischlicher Freiheit wegen wieder heraus, und die wenigsten hätten ihren Mönch im Kloster gelassen.

Es erregte auch der Satan unter den Schutzherren und Zuhörern der neuen Lehre großes Ärgernis. Der gemeine Mann ward roh und sicher, und fing an die Kirchendiener gering zu halten. Des frommen alten Herrn Seele wurde von Tag zu Tage durch ungerechte Werke hart gequälet; doch er hielt an mit Strafen und Ermahnen und hielt auch die Rute Gottes auf, daß bei seinem Leben keine Zerrüttung vorfiele, weissagte aber unverhohlen, daß solches Wesen der Länge nach nicht bestehen könne; nach seinem Tode würde Gott die undankbare Welt strafen. Daneben betete er ohne Unterlaß, weil ihn seines Leibes Schwachheit nicht immer wollte studieren lassen. Gott wolle das Evangelium in seiner Schüler und Zuhörer Herzen mit dem heiligen Geiste versiegeln; wie er auch tröstlich in der Hoffnung stand, so lange hie Leute im Leben blieben, die ihn gehört, würde es noch keine Not haben, wenn aber diese alle fort wären, dann hätte man acht zu geben.

Im Jahr 1540 schickte mich unser Gott durch Beförderung des Doktor Justus Jonas und des Magister Georg Rörer an Doktor Luthers Tisch, dafür ich meinen Gott die Tage meines Lebens zu danken habe. Was ich da hörte und sah, habe ich mit Fleiß gemerkt; so bescherte mir Gott durch fleißiger Leute Hilfe viele gute Gespräche, die zuvor des Doktors Kostgänger aufgeschrieben hatten. Aus diesen Schriften und vieler guter Leute Bericht wollen wir nun von seinem Hauswesen, Tugenden und Reden, etwas mitteilen. Ein schöner Spruch eines heiligen Mannes ist traun[81] wohl zu merken, wollte Gott, fleißige Schüler hätten ihrer Lehrer Sprüche, wie denn der heilige Geist nicht feiert in seinen Werkzeugen, treulicher aufgeschrieben.

Als der Doktor sein 58. Jahr erreicht und allerlei Leibesschwachheiten im Alter ihn überfielen, daß er auch viel Predigen, Lesen und Reisen unterlassen mußte, blieb er in seinem Hause und legte den Seinigen das Evangelium am Sonntage fein schlicht und einfältig aus, welche Hauspredigten Veit Dietrich mit treuem Fleiß in des

---

[81] Siehe Fußnote 40.

Herrn Doktors Hauspostille zusammengetragen hat. Der Mann konnte nicht feiern, obwohl ihm sein Fluß, Schwindel und Ohnmacht viel zu Leide taten. Alle Morgen und Abend und oftmals während des Abendessens verrichtete er sein Gebet, wie er solches im Kloster von Jugend auf gewohnt. Daneben sagte er seinen kleinen Katechismus her, wie ein anderes Schülerlein, und hielt immer an im Lesen. Sein Psälterlein war sein Betbüchel und der Katechismus sein Handbuch; daraus lehrte, tröstete und ermahnte er sich selbst; und weil er damals seine deutsche Bibel zum letzten Mal übersah, brauchte er hierin wundergroßen Fleiß, daß er den einfältigen und richtigen Verstand mit deutlichen Worten gäbe, fragte Rat und erregte oft über Tische Disputationen, wie ein hebräisch Wort oder ein Spruch auf gut vernehmlich Deutsch zu geben wäre.

Das Jahr zuvor machte unser Doktor auch die Jahrrechnung von Anfang der Welt und richtete die biblischen Historien fein aufeinander, welches seiner großen und köstlichsten Arbeiten eine ist, mit der er Vielen, die in der Bibel lesen, trefflich gedient hat.

Weil der Wucher als eine gewöhnliche Landplage hohe und niedere Stände aussog, ließ der Doktor um diese Zeit sein Buch vom Wucher an die Pfarrer ausgehen. „Kleinen Wucherern," sagte er am Tische, „die auf der Obrigkeit Nachlassung fünf oder sechs vom Hundert nehmen, wird mein Buch das Gewissen rühren, aber die großen Landschinder und Umschläger werden meiner in ihre Faust lachen, wie sich neulich schon ein Hauptwucherer hat vernehmen lassen: Er habe mich bisher für einen weisen Mann gehalten, aber in dem Buche bewiese ich's nicht, denn ich unterstände mich von Händeln zu schreiben, die ich nie erfahren; er könne besser hiervon schreiben, weil er in diesem Handel mit großen Fürsten viel und groß zu tun gehabt."

In diesem Jahre schrieb auch der Doktor dir Historien von Doktor Anthony, der zu London in England der wahren Religion halber verbrannt war. Doktor Johann Pommer sagte darüber am Tische: „Nun spüre ich, daß der heilige Geist seine Leute besser kennt denn wir; ich habe dem Könige mit vielen frommen Leuten oft das Wort geredet und unseren Doktor gebeten, er wolle ihn nicht König Heinz nennen; aber ich spüre, wen der heilige Geist Heinz nennt, der ist und bleibt Heinz!"

Neben dieser Arbeit predigte und las gleichwohl unser Doktor bisweilen, wenn er wohl war, obgleich er in diesen folgenden zwei Jahren nur drei Kapitel in seiner Genesis erklärte, und wegen Schwindel und Hauptschwachheit nur selten predigte.

Er kam selten zu Tisch, daß er nicht ein Buch mit sich brachte. Obwohl unser Doktor oftmals schwere und tiefe Gedanken mit sich an Tisch nahm, auch bisweilen die ganze Mahlzeit sein altes Klostersilentium[82] hielt, so daß kein Wort am Tisch fiel; doch ließ er sich zu gelegener Zeit sehr lustig hören, wie wir denn seine Reden *condinenta mensae*[83] zu nennen pflegten, die uns lieber wären, als alle Würze und köstliche Speise. Wenn er uns Rede abgewinnen wollte, pflegte er uns einen Einwurf zu tun: „Was höret man Neues?" Die

---

[82] Die Klosterstille zur Einkehr und Andacht, in der zu bestimmten Zeiten nicht geredet wird.
[83] Die Würze der Mahlzeit.

erste Ermahnung ließen wir vorübergehen; wenn er aber wieder anhielt: „Ihr Prälaten[84], was Neues im Lande?" Da fingen die Alten am Tische an zu reden. Doktor Wolf Severus, der beim königlichen Hofpräzeptor[85] gewesen, saß oben an, der brachte als ein gewanderter Hofmann etwas auf die Bahn, wenn niemand Fremdes vorhanden. Wenn das Gedöber[86] doch mit gebührlicher Zucht und Ehrbarkeit anfing, schossen andere bisweilen ihren Teil dazu, bis man den Doktor anbrachte. Oftmals legte man gute Fragen ein aus der Schrift, die löste er fein rund und kurz auf; und wenn einer einmal widersprach, konnte er's auch leiden, und mit geschickter Antwort widerlegen. Oftmals kamen ehrliche Leute von der Universität auch von fremden Orten am Tisch; da fielen sehr schöne Reden und Historien. Ich will hier einiger derselben kürzlich gedenken.

Ein Bischof hätte gern gewußt, was der Herr Christus in seiner Jugend getan. Dem träumte, er sähe ein Knäblein Holz und Späne auflesen, und als angerichtet ward zum Mittag, ruft es seinen Vater zu Tische und spricht: „Mutter soll ich den anderen Mann auch rufen?" Da erschrickt der Bischof und erwacht darüber. „Ich glaub's auch," spricht der Doktor, „das liebe Jesulein habe seiner Mutter als ein gehorsames Kind im Hause arbeiten helfen, und bisweilen Wasser geholt, vielleicht auch zu Zeiten Wein mitgebracht; darum seine Mutter zu Kana auf der Hochzeit, wo Wein mangelte, ihn aus voriger Erfahrung anspricht."

---

[84] Vorsteher in der Kirche.
[85] Hauslehrer.
[86] Gespräch.

Auf eine Zeit, als sein Hündlein am Tische stand, fragte einer, ob auch in der künftigen Welt unvernünftige Tierlein sein würden? „Je allweg," sagte er, „denn der neue Himmel und Erde wird nicht öde oder wüste sein, sondern voller schöner Kreaturen. Ein jedes Hündlein wird sein goldenes Halsband haben von edlem Gestein und an jedem Härlein eine Perle, denn der jetzigen Welt Pracht und Schmuck wird da nur unvernünftige Tiere zieren; die seligen Menschen werden mit vollkommener Weisheit und Herrlichkeit geschmückt sein, welche noch zur Zeit kein Auge gesehen, kein Ohr gehört, kein Herz gedacht hat."

Hierbei gedachte er der sieben Schläfer, und dessen, der gern die kleinste Freude im Himmel gesehen, der geht in den Wald und hört ein Vöglein singen, und schläft darüber bis zweihundert Jahr. Als er aber aufwacht, und vermeint, er habe kaum eine Stunde geschlafen, ist sein Kloster samt der Stadt inzwischen zerstört und ein anderes Haus an den Ort gekommen. „Ja liebe Freunde," sagte der Doktor, „es wird eine andere Freude werden, als welche die gemeine Welt hofft, wenn sie spricht, ein frischer Trunk und rohes Ei nach dem Bade sei der kleinsten Freude gleich im Himmelreich, da wird man Gott anschauen in ewiger Gerechtigkeit und satt und genug haben. "Ein anderer fragte, ob wir auch einander nach der Auferstehung kennen würden? „Freilich," sagte er, „denn da Adam seine Eva kannte, die aus seiner Rippe, als er schlief, erbaut war, und dieselbe doch zuvor nie gesehen hatte, wieviel mehr werden wir in unserer neuen Vollkommenheit die erkennen, mit denen wir auf Erden umgegangen sind. Und weil wir dem Herrn Christo durch die mitgeteilte Gottheit als angenommene Kinder ähnlich und gleichförmig sind, werden wir auch alle Gläubigen von Anfang der Welt kennen. Ich halte," sagte der Doktor, „weil der reiche Mann in seiner Hölle Abraham und Lazarus sieht und kennet, die Gottlosen werden nicht allein sich untereinander kennen, sondern auch zu ihrem großen Herzeleid die Gläubigen im Himmel sehen, die sie auf der Erde geplagt und verfolgt haben, und ihre Betrübnis und Plage darüber bekommen."

Als man auf eine Zeit der Leute Rechnung erwähnte, die auf Jahr und Tag den jüngsten Tag bestimmen, sagte der Doktor: „Ach nein, der Text ist zu klar im Matthäus, *von dem Tage und von der Stunde weiß niemand, auch die Engel nicht im Himmel, sondern allein mein Vater.* Darum kann weder ich, noch irgendein Mensch den Tag und die Stunde bestimmen, obgleich viele Zeichen, die dem jüngsten Tage vorhergehen, erschienen sind. Mich dünkt Christus, unser Herr biete schon auf im Himmel, und die Engel rüsten sich stark auf die Reise; und weil alle große Wunderwerke in diesen sechstausend Jahren im Lenz und um Ostern geschehen sind, so werde Christus auch um Ostern erscheinen, seine Stimme im Morgenwetter hören lassen, darauf mit einem Schlage Himmel und Erde zusammenschmeißen, in einem Augenblick die Lebendigen verwandeln, die Toten erwecken, neuen Himmel und neue Erde schaffen, sein Gericht in Wolken hegen, und die Schrift mit seinem dritten *consummatum est*[87] ganz und gar erfüllen."

---

[87] „Es ist vollbracht."

Als er einstmals einen harten Schwindel und großes Sausen eine lange Zeit in den Ohren fühlte, kommt er in die Gedanken, es werde der Schlag darauf folgen. Wie er den Gedanken eine Zeitlang nicht loswerden konnte, spricht er zuletzt: „Schlag her, lieber Herr Jesu, schlag immer her; ich bin fertig, weil ich auf dein Wort absolvieret und mit deinem Fleisch und Blut gespeist und getränkt bin. Komm *in nomine domini*[88]. Ist doch dein lieber Jünger St. Johannis und unser frommer Kurfürst auch also aus diesem Elend abgefordert." Also verließen ihn seine schweren Gedanken.

Auf eine Zeit klagte ihm ein Weib, sie könne gar nicht mehr glauben. „Könnet ihr euren Kinderglauben nicht mehr?" fragte der Doktor. Wie sie den fein andächtig hersagt, fragt der Doktor: „Haltet ihr dies für wahr?" Da die Frau „Ja" sprach sagte er: „Wahrlich liebe Frau, glaubt ihr diese Worte, die denn auch die lautere Wahrheit sind, so glaubt ihr stärker als ich. Ich muß alle Tage um Mehrung meines Glaubens bitten." Dafür dankt die Frau, und geht mit Frieden heim. Antonius Musa, Pfarrer zu Rochlitz sagte mir, er habe dem Doktor einmal herzlich geklagt, er könne selbst nicht glauben, was er anderen predige. „Gott sei Lob und Dank," habe Her Doktor geantwortet, „daß es anderen Leuten auch so geht; ich meinte, mir wäre allein so." Dieses Trostes konnte Musa sein Lebtage nicht vergessen.

Der kurzen und schönen Reden, so über Tisch fielen, wäre auch wohl zu gedenken, wenn es nicht zu lang würde. Doch wollen wir einiger erwähnen. So sagte er

---

[88] „Im Namen des Herrn."

einmal: „Die Bibel ist ein schöner Wald darin kein Baum ist, an den ich nicht mit meiner Hand geklopft habe. Die Bibel ist nun, Gott lob, fertig, darum bedarf man meiner Bücher nicht mehr." Ein Prediger soll drei Dinge tun, die Bibel fleißig lesen, herzlich beten, und ein Schüler bleiben, so ist er ein großer Doktor. Oft sagte er, auf böse und traurige Gedanken gehört ein fröhlich Liedlein und freundlich Gespräch. Lieblingssprüche von ihm waren: „Weißt du was, so schweig; ist dir wohl, so bleib; hast du was, so halt's, Unglück mit seinem breiten Fuß kommt bald." Ferner: „Iß was gar ist; trink, was klar ist; red', was wahr ist." Ferner: „Schweig, leid', meid und ertrag, dein Not niemand klag, an Gott nicht verzag; dein Hilf kommt alle Tag."
Von ehrlichen Kirchenzeremonien redete er bescheiden, und sagte einmal: „Die kennen wahrlich das Papsttum nicht recht, die allein die Zeremonien anfechten, und Wolken ihr Evangelium mit Abwerfung des ungefährlichen Kirchenbrauchs bestätigen." So kam er einst am Ostertage zu Eisenberg in die Kirche und als man da den Eingang deutsch sang in die lateinischen Noten, rümpfte er sich hart. Wie er heim zu Tisch kommt, fragt ihn sein Wirt, was ihm gewesen wäre. „Ich dachte," spricht er, „es würde mir ein kalter Schauder ankommen über ihren läppischen Gesang: will man Deutsch singen, so singe man gute deutsche Lieder, will man Lateinisch singen, wie es Schüler tun sollen, so behalte man die alten Choräle und Texte und tue das Unreine davon, besser wird's keiner machen. Ich bin den Leuten feind, die immer ein Neues über's andere

anrichten in Zeremonien, eben diese werden's in der Lehre mit der Zeit ebenso tun."

Bisweilen erwähnte er auch der evangelischen Prediger mit gutem Bericht, an einem lobte er die einfache Weise zu reden, am anderen die artigen Gleichnisse, am dritten, wie er die Sache ordentlich fasse und mit guten deutschen Worten richtig ausspreche. Er rühmte besonders einen, der seine Predigt auf einen Spruch stellte und wiederholte es oft und eignete es fein seinen Zuhörern zu. „Das sind Prediger die sich herunterlassen," sagte er, „und denken, wem sie predigen." Einen anderen verglich er einem vollen Fasse, dem man den Zapfen zöge, da ging es nacheinander heraus, so lange noch etwas drinnen, doch kämen bisweilen auch Hefen mitunter. Die lobte er auch, die auf der Kanzel zur rechten Zeit aufzuhören verständen. Als ich ihn bat, mir zu berichten, wie ein junger Prediger die Länge seiner Rede bestimmen solle, gab er mir die Regel: „Wenn ihr sehet, daß die Leute mit großem Ernst und Lust zuhören, so schließt, zum nächsten Malkommen die Leute, desto lieber wieder." Auf eine Zeit war ein Pfarrer an einem Nagel auf der Kanzel, hängen geblieben und hätte den daran zerrissen, da sagte der Doktor: „Ich, dachte mir's wohl, er wäre angenagelt gewesen, weil er nicht aufhören konnte." Einstmals sagte er auch im Scherz, es sollten die Prediger die drei beissigen Hündlein, Stolz, Geiz und Neid nicht mit auf die Kanzel nehmen, denn sie machten manchen irre, daß er des Worts vergesse. Einst gedachte er der Schulen zum Besten, rühmte Kaiser Karl, der dreißig Doktoren zu Fulda hielt, daraus er seine Bistümer bestellte. Aber die

Hummeln haben die Bienlein aus diesem Bienenstock vertrieben und Chorherren teilten mit den Schulmeistern, wie jener Bauer mit dem Merkur, der auf seine Bedingung, daß er Nüsse und Datteln, die er ihm beschert, halb zur Kirche geben sollte, von Nüssen das Äußerste und von Datteln das Innerste *ad ius usus*[89] gab, das Andere fraß er allein. – Die Gelehrsamkeit ehrte er, konnte aber gelehrte Prahlerei nicht wohl leiden, so schrieb er einem jungen Mann, der ihm etliche griechische Briefe geschrieben, mit hebräischen Buchstaben darunter den alten Schneider-Knittelvers: *Her David sat is, lis faden ab de die nat is.* Die Worte lauten gut Hebräisch, darum nimmt der Grieche Hebraisten zu Rat, zieht endlich nach Augsburg zu den Gelehrten, die auf dem Reichstag waren, die hatte der Doktor vorher von der Sache unterrichtet.

Über und nach dem Tische schrieb er oft den Seinigen vor, die predigen wollten, wie er auch das schöne Buch, seinen Matthäum nach dem Abendessen seinem Tischgesellen Doktor Weller machte, und über Tisch den 23. Psalm geschrieben hat. So mußte er oft korrigieren nach Tische. Ging er zur Kirche, so trug er allezeit ein Buch mit sich, denn es kam ihm das Beten, wie er sich vernehmen ließ, in der Gemeinde viel sanfter an, als im Hause. Seinen Stuhl hatte er beim hohen Altar, doch wenn man predigte, trat er in der Universität Gestühl, hörte fleißig und mit Andacht zu. Er wartete allewege in der Kirche bis alles raus war, ging oft zur Beichte und zum heiligen Abendmahl.

---

[89] Das Recht zur Nutzung.

Obwohl er einen ziemlichen Leib hatte, aß und trank er wenig und selten etwas Besonderes. Auf den Abend, wenn er nicht wohl schlafen konnte, mußte er ein Schlaftränklein tun, wie er sich deswegen oft entschuldigte: „Ihr jungen Gesellen," sagte er, „unserem Kurfürsten und mir altem Mann müßt ihr ein reicheres Tränklein zu gut halten, wir müssen unser Polster und Kissen im Kändlein suchen." Er ging auch bisweilen in Kollation zu guten Leuten, und war nach Gelegenheit fröhlich und voll guter Sprüche über Essen. Ein Doktor zu Wittenberg bittet ihn einst neben anderen zu Gast. Nun brachte er schwere Gedanken mit an den Tisch, darum jedermann stille war. Wie man abgespeißt, wollte Herr Philipp, der sich in des Doktors Weise sehr wohl schicken konnte, einen Aufbruchs machen. Der Wirt bittet, sie wollten noch ein Stündlein bei ihm verziehen. Unterdessen nimmt einer die Bank weg, und als sich unser Doktor aufhalten läßt, will sich der Wirt wieder niedersetzen, und fällt der Länge lang auf den Rücken.

Das gibt ein gut höfliches Gelächter, und der Doktor spricht: „Wir haben einen unfreundlichen Wirt, der gibt das beste Gericht zuletzt." Darauf wird jedermann lustig und fröhlich und bleiben alle noch eine gute Zeit beieinander.

Über und nach Tische sang der Doktor bisweilen, wie er auch ein Lautenist[90] war. Ich hab's mit ihm gesungen; zwischen dem Gesang brachte er gute Reden mit ein: „Josquin," sagte er, „ist der Noten Meister; sie haben's

---

[90] Lautenspieler.

müssen machen, wie er wollte, die anderen Sangmeister müssen's machen, wie's die Noten haben wollen."

Unter anderen seinen großen Tugenden, war er fein genügsam und milde daneben. Kurfürst Johann schenkte ihm einen neuen Rock; dem schrieb er wieder: er tue ihm zu viel wenn's ihm hier alles bezahlt werde, was wolle er in jenem Leben zu gewarten haben. Kurfürst Johann Friedrich bot ihm eine Kure[91] an auf dem Schneeberg bei dem Fürstenvertrage, die wollte er aber nicht haben. „Der Teufel ist mir feind," spricht er, „der sagt: alle Schätze in der Erde sind sein; der möchte das Erz meinethalben abschneiden, so müßten die anderen Gewerke meiner entgelten. Mir gebührt viel besser, daß ich mit einem Vaterunser Zubuße gehe, damit die Erze bestehen, und die Ausbeute wohl angelegt werde." Die Widersacher gaben indessen auch Zeugnis, da einer sagte, man solle ihm etliche hundert Gulden in den Hals stecken. „Es hilft nichts an ihm," sagte einer, „die deutsche Bestie achtet keines Geldes, und will keines annehmen, wenn man's ihm schon anbietet." Ehrliche und dankbare Leute verehrten ihm bisweilen, er teilte es aber meistenteils wieder aus. Auf eine Zeit klagte ihm ein Armer seine große Not, und weil er keine Barschaft hatte, kommt er seiner Hausfrau, die in Wochen lag, über's Patengeld, bringt es dem Dürftigen und spricht: „Gott ist reich, er wird anderes bescheren." Anfänglich hatten ihn auch viele Landstreicher und verlaufene Mönche in Unkosten gesetzt, wie er auch gern für die

---

[91] Einen Anteil am Berge. Kur ist eigentlich der 128. Teil einer Zeche oder eines, einer Gesellschaft zum Bergbau verliehenen Feldes nebst Zubehör.

gefangenen Diebe bat. Endlich bekannte er: Ich meinte, die wären alle fromm, die mich ansprächen und sich auf's Evangelium beriefen, aber böse Buben haben mich witzig gemacht; einem Fisch ist nirgends besser als im Wasser, und einem Diebe am Galgen." - Am Tische ging einmal die Rede, daß einer sagte, man könne einem aus der Hand wahrsagen, und sonderlich sähe man's daran, wenn einer mild sei. „Das glaub ich," sprach der Doktor; „denn wer geben will, müsse seine oder anderer Leute Hände dazu gebrauchen." Neben seinem genügsamen Herzen und milden Händen, hatte er einen wahren und züchtigen Mund. Was er versprach und zusagte, das hielt er stets und fest, redete auch von Leuten nicht übel, wie er auch denen feind war, die der Abwesenden im Argen gedachten. „Es sind rechte Säue," sagte er oft, „welche im Garten der Rosen und Veilchen nicht achten, sondern ihren Rüssel nur in Mist stecken."

Was seine Hauszucht betrifft, so hielt er seinen Kindern einen eigenen Lehrer, ließ sie vor Tische beten und vorlesen; er gab ihnen auch oft selber Argumente. Sein Gesinde ermahnte er, daß sie ihm im Hause kein Ärgernis anrichteten. „Der Teufel hat ein scharfes Auge auf mich," sagte er, „damit er meine Lehre verdächtig mache, oder ihr einen Schandfleck anhänge." Von Natur hatte der Doktor eines Mannes Herz und Much; wiewohl er der demütigste Mann war, der dem guten Rate seiner Leute gern folgte; wie er sich auch in diesem Jahr bereden ließ daß er dem Agricola nachging Friede zu stiften. „Aber zu meinem Glück," sagte er, „fand ich ihn nicht daheim; es hätte sonst das Männlein mein Lebelang zu rühmen gehabt."

Herr Philipp ordnete an, daß alle Zuhörer im Kollegium aufstanden, wenn der Doktor kam und lesen wollte. Obwohl solches eine alte und ehrbare Schulzucht ist, hatte es doch der demütige Doktor ungern, und ließ sich vernehmen: „Ich wollte, daß Magister Philipp mit seiner Ordnung ein gut Jahr hätte; ich muß allemal des Aufstehens halber etliche Vaterunser mehr beten, und wenn ich dürfte, ginge ich bisweilen, ohne gelesen zu haben, davon. Wer der Ehre nachläuft, der erlangt sie nicht, und wer sie bekommt, dem bringt sie große Gefahr."

Hilf Herr Jesu, daß wir des wohlverdienten Mannes Zeugnis und Wandel nicht vergessen und mit deinem Wort und Vaterunser, vor seinen Feinden ihn schützen, eine friedliche Ritterschaft üben, Glauben und gutes Gewissen bewahren und unseren Glimpf jedermann klar scheinen lassen, der du Gefallen hast am Friedfertigen und hältst und nennest sie deine lieben Kinder und zerstreuest alle, die Lust zum Kriege und zum Zanke haben, gib uns deinen Frieden. Amen.

Sechste Predigt.

Im Jahr 1540 war ein schöner Lenz, darin alles blühte und grünte. Da sprach der Doktor zum Herrn Justus Jonas, wenn nur Sünde und Tod weg wären, wollten wir uns an einem solchen Paradiese genügen lassen. Aber es wird viel schöner werden, wenn die alte Welt und die alte Haut gar erneuet und ein ewiger Lenz angehen, und für und für sein und bleiben wird. In diesem Jahr am Pfingsttage über Tische erzählte uns der Doktor seine ganze Historie. Meine Tage hab' ich nichts lieblicheres und lustigeres gehört, wer selbst bei einem Handel gewesen, der kann von Sachen lebendig reden. In diesem Sommer zog Melanchthon gen Weimar; da fällt er in eine große Krankheit, daß jedermann an seinem Leben verzaget. Darauf wird eilig unser Doktor erfordert, der tröstet und richtet ihn auf. Hernach sagte er: „Ich habe unseren Philipp und meine Käthe und den Miconius vom Tode erbeten, welcher auch endlich mich gebeten hat, ich wolle aufhören für ihn zu schreien." Herr Philipp hat damals in harter und schwerer Anfechtung gesteckt; aber Gott, der Mosis Gebet auch gnädiglich erhörte, als er für seinen gefallenen Bruder Aaron herzlich betete, beweist diesmal auch seine Güte. Er hörte der Gläubigen Seufzer und erhielt uns den teuren Mann, der die folgenden Jahre viel Gutes in *colloquiis*[92] und Reichstagen ausrichtete. Wenn Gott seine Diener zu Ehren bringen will, so läßt er sie zuvor in Schwachheit sinken oder straucheln, damit sie erfahren, daß sie auch Menschen sind, und allein auf Gottes Kraft und Weisheit sich wider die Feinde der Christenheit einlassen. Weil Melanchthon schwach war, so wird Doktor Kaspar Kreutziger und andere nach Hagenau zum Gespräch abgefertigt. Auch wird ein anderes *colloquium* zu Worms angestellt, wo sich die Gelehrten von beiden Teilen besprechen und vereinigen sollen, damit die Verhandlung auf dem künf-

---

[92] Gespräche der Gelehrten.

tigen Reichstage desto schleuniger von statten ginge. Diese angestellten *Colloquia* gaben viele Ursachen zu schönen Reden am Tische. „Sie haben bis hierher," sagt unser Doktor, „die Sache mit Gewalt angegriffen und ausrotten wollen, aber die Wahrheit schwinget sich immer über sich, und schimmert vielen gutherzigen und ehrlichen Leuten in die Augen. Es wird der Verhandlungen keine ohne Furcht abgehen, wenn wir nur die Wahrheit gerecht bekennen, aber zum Vertrage kommt diese Sache nicht, denn der Sohn Gottes hat diesen Krieg und Hader, im Paradies zwischen des Weibes Samen und der Schlange angekündiget, der wird nicht gestillt, bis er sich auf dem Regenbogen wieder sehen und hören läßt."

Nach gehaltenem Tage zu Hagenau kommt Herr Philipp gesund und fröhlich wieder nach Wittenberg mit Kaspar Kreutziger, der alsbald seinen Johannes zu lesen anfing. Doktor Luther, soviel seine Schwachheit leiden wollte, fuhr fort *in genesi*,[93] daneben ging das hohe und selige Werk die Übersetzung der Bibel von statten, wie denn in diesem Jahr, die große Bibel gedruckt ward. Dieses ist der größten Wunderwerke eins, das Gott durch Doktor Luther ausgerichtet hat, daß, er in guten, derben und verständlichen deutschen Worten uns seine göttliche Offenbarung übergab. Der fromme Doktor Johann Pommer hatte in seinem Hause ein eigenes Fest verordnet und feierte es jährlich wegen der Bibelübersetzung. Ich habe in meiner Jugend auch eine undeutsche deutsche Bibel gesehen, ohne Zweifel aus dem Latein verdeutscht; die war dunkel und finster, denn zu

---

[93] Im ersten Buch Mose.

der Zeit achtete man die Bibel nicht sehr. Mein Vater hat eine deutsche Postille, darin neben den Sonntags-Evangelien auch etliche Stücke aus dem Alten Testament ausgelegt waren, daraus hab' ich ihm oft mit Lust gelesen, „Wie gern," sagte mein Vater, „möchte ich eine ganze deutsche Bibel sehen." Sehr willkommen war dies Buch den frommen Deutschen, wie denn über viele hunderttausend Bibeln in deutscher Sprache sollen gedruckt sein. Als die ganze deutsche Bibel ausgegangen war, und ein Tag den anderen lehrte, nimmt der Doktor die Bibel von Anfang wieder vor mit großem Ernst, Fleiß und Gebet, und weil der Sohn Gottes versprochen hatte, er wolle dabei sein, wo ihrer etliche in seinem Namen zusammenkommen und um seinen Geist bitten, so verordnet Doktor Luther gleichsam einen eigenen Sanhedrin[94] von den besten Leuten zusammen, die damals vorhanden waren, welche wöchentlich einige Stunden vor dem Abendessen bei dem Doktor zusammenkommen; nämlich Doktor Johann Bugenhagen, Doktor Justus Jonas, Doktor Kreutziger, Melanchthon, Aurogallus, wobei Magister Georg Rörer der Korrektor auch war, auch manche fremde Doktoren und Gelehrte als Doktor Bernhard Zügler und Doktor Forstenius hinzukamen. Wenn nun der Doktor zuvor die ausgegangene Bibel übersehen, bei Juden und

---

[94] Eine Versammlung Mehrerer zu gewissen Beratschlagungen. Bei den Juden war das Synedrium ein aus Priestern, Leviten und Ältesten des Volkes zusammengesetzter Gerichtshof, der in jeder Stadt unter den Toren gehalten wurde; das große Synedrium (der Hohe Rat) zu Jerusalem, welcher aus 71 Mitgliedern bestand, hatte die höchste Gewalt in allen religiösen und bürgerlichen Angelegenheiten.

fremden Sprachkundigen nachgeforscht, auch bei den alten Deutschen und gemeinen Handwerkern gute Worte erfragt hatte,(wie er denn z. B. einen Schöps[95] abstechen ließ, damit ihm ein deutscher Fleischer berichtete, wie man jedes Teil des Schafs nennte) kam der Doktor in das Konsistorium[96] mit seiner alten lateinischen und neuen deutschen Bibel, wobei er auch stetig den hebräischen Text hatte. Herr Philipp brachte mit sich den griechischen Text; Doktor Kreutziger neben der hebräischen auch die chaldäische Bibel, die Professoren hatten bei sich ihre Rabbinen, und zuvor hatte sich ein jeder auf den Text gerüstet, worauf dann Luther die Stimmen herumgehen ließ, was ein jeder in Hinsicht der Sprache und Auslegung zu jeder Stelle sagen würde. Wunderschöne und lehrhafte Reden sollen bei dieser Arbeit gefallen sein; von denen Magister Georg einige aufgezeichnet und die nachher als kleine Glöslein auf den Rand gedruckt sind. Es gehörte zu dieser Arbeit ein frommes Herz, gute und kernige Worte, und viel Gelehrsamkeit, bis das Werk im Jahr 1542 vollbracht ward, wiewohl dem Doktor auch nachher der Verstand in Hinsicht vieler Stellen von Tag zu Tage wuchs, auch seine Freunde zur Verbesserung mancher Texte etwas beitrugen; denn Schüler bleiben wir immerdar. Behüte Gott alle Theologen, daß sie nicht Meister über die Schrift werden! Ein Elefant ersäuft in diesem Meer und ein Lämmlein fußet und kommt hindurch. Ich besprach mich auf eine Zeit zu Leipzig mit Doktor Zügler und drang auf des Doktors

---

[95] Schafbock.
[96] Versammlung, Kabinett. Hier die Versammlung der Gelehrten.

Version. Er hielt mir den hebräischen Text vor und sagte, wenn wir allein auf eine Dolmetschung uns gründen könnten, brauchten wir forthin nicht mehr zu studieren; aber die Schrift, die man mit Ernst liest, gibt alle Tage etwas Neues. Hiermit sei denen das Wort geredet, die in christlicher Einfalt noch heut zu Tage der Schrift nachforschen, aber ich will nicht derer Patron sein, die alles tadeln und machen doch nichts besser; denn viele wollen richten, aber wenige können dichten. Der Doktor hatte bei seinem Leben schon viele solche Korrektoren, wie denn auch ein junger Doktor die deutsche Bibel auf seiner Kanzel mit Gerten stäubte, und dabei sagte, sie solle es besser lernen. Lest des Doktors schöne Schrift von seiner Dolmetschung, so werdet ihr merken, wieviel Sorge, Arbeit und Nachdenken er gebraucht habe. „Ich saß," sagte er, „mit Herrn Philipp und Aurogallus wohl 14 ganze Tage über einer Zeile und bei einem Worte, bis es sich deutsch reden ließ. Es kommt traun[97] einem deutschen Pfarrer schwer an, wenn er schon in fremden Sprachen ziemlich erfahren und er nun mit dem gemeinen Mann gut deutsch reden soll. Darum ist's nicht übel geraten, sobald sich einer gedenke zum Kirchendienst zu begeben, daß er die deutsche Bibel als ein tägliches Handbuch brauche. Deutsch soll man auf der Kanzel bei Deutschen predigen."

Wenn nun die Arbeit verrichtet war, behielt unser Doktor bisweilen seine Freunde und Mithelfer beim Abendessen. Auch war der Doktor am Tische fröhlich, wenn er sich müde gearbeitet hatte, ließ auch bisweilen

---

[97] Siehe Fußnote 40.

eine Singerei anrichten. Auf eine Zeit im Beisein guter Leute sangen wir der Dido letzte Worte aus dem Virgil: *Dulces exuviae,...*[98]

Herr Philipp tönte auch mit ein, und wie der Gesang aus war sprach er: „Virgil hat Antonius sein *Requiem*[99] machen wollen, darin er seine letzten Worte und Willen faßt." „Ach Gott," sagte Luther, „arme und elende Leute sind die blinden Heiden mit ihren Gelehrten, und wie der Poet sagt, vom Fürsten Turnus, sie sterben mit Grimm und fahren mit Ungeduld von hinnen, darum rennt mancher selbst sein Herz ab, wie die elende Dido." Wir danken Gott für Davids, Simeons und Stephans letzte Worte, die in wahrer Kenntnis sanft und fröhlich einschliefen. Und ihre Seelchen dem Herrn Christo zur Verwahrung anvertrauten.

Es hatte damals ein Schüler, den der Herr Doktor am Tisch lieb hatte, ihm einen Eimer guten Mosts von Guterbach mitgebracht, der war lieblich und fein, mit weinlicher Schärfe temperiert. Wie der Doktor seinen Gästen denselben vorsetzt, sagte er: „Wie gefällt euch der Vettersheimer? Unser Herr Gott," sagte er, „will der Welt einen guten Trunk zuletzt einschenken," wie denn in diesem 40. Jahr sehr guter Wein wuchs. Wenn jetzt der Edelmann wieder vor Guterbach ritte, wird er Befehl geben, daß man alle Winkel voll Wein legte, wie

---

[98] „Teure Liebesgeschenk, als Gott und Geschick es vergönnte - Nehmt die ermüdete Seel' und befreit mich solcher Betrübnis! Ja, ich lebt' und vollbrachte den Lauf, den das Schicksal mir anwies;
Und nun wandelt mein Geist, ein erhabenes Bild, zu den Schatten."
[99] Sterbelied.

er damals, als der Wein sauer war, riet, daß man allen Wein ausrisse und Hopfen pflanzte.

Um diese Zeit kommt ein Geschrei über's Abendessen, die Elbe fließe ganz blutrot. Der Doktor lächelt und holt seine kleine Bibel und liest uns das 3. Kapitel aus dem anderen Buch der Könige, und sagte: „Da die Sonne aufging und schlimm auf's Wasser ihre Strahlen warf, meinten die Idumiter auch, es wären alle Wasser, die Elisa erbeten hatte, von den erschlagenen Königen blutrot worden. Ach nein, wenn die Sonne auf- oder untergeht und scheint ins Wasser, so gibt sie solchen Schein. Wir sollen nicht immer nach Wunderzeichen sehen; im Wort und durchs Wort geschehen heut zu Tage die herrlichsten Wunder."

Ich schrieb meinem guten Freunde von den Gesichten und Zeichen, die man in Wiesenthal sollte gesehen haben; wie er's am Tisch zeigte, sagte der Doktor: „Wenn ihr wollt Tiere, Schlösser und Städte am Himmel sehen, so sprecht mich an; wenn ein Wetter gewesen, da will ich euch seltsame Wunder in den Wolken zeigen. Die Welt flehet immer nach Wunderlichen und sieht auch am hohen Himmel einen weißen Hund für einen Bäckerknecht an; die Gläubigen halten sich zum Wort und bewahren dasselbige. Wir haben genug am Wort zu lernen und ich habe meinen Gott oft gebeten, er wolle mir kein Wunder sehen lassen."

Diese Zeit im Herbste geht das Gespräch zu Worms an; da kommen von beiden Teilen viele Gelehrte zusammen. Die von Wittenberg ziehen mit des Herrn Doktors Segen auch dahin, indem er spricht: „Gott hat uns viele gute Leute gegeben, die sein Wort verstehen;

ziehet hin im Namen Gottes, und haltet am einfältigen Worte fest." Im Anfang des Jahrs 1541 geht das Gespräch an. Herr Philipp läßt sich hören wie ein gottgelehrter Mann; gründet seine Rede fest auf Gottes Wort und gute Ursachen, daß Eck darwider nichts Standhaftes aufbringen oder erhalten mochte. Einstmals bringt Eck ein sehr spitziges Argument auf die Bahn. Wie sich Herr Philipp darauf besinnet und spricht, morgen wolle er antworten, sagt Eck: „Es ist nicht rühmlich, wenn einer nicht bald und *extempore*[100] antworten kann." „Herr Doktor," sagt der bedächtige Mann, „ich suche nicht Ehre in diesem Handel, sondern die Wahrheit. Morgen, will's Gott, sollt ihr mich hören." Wie nun der Widersacher Teil spürt, daß sie mit ihrem Goliath wider den kleinen David und seine Schleuder nichts gewinnen konnte, legt Granvella kaiserliche Briefe auf, daß das Gespräch bis auf den künftigen Reichstag aufgeschoben sei. Nicht lange nachher kommt Kaiser Karl nach Regensburg auf den Reichstag. Weil aber vielen klugen Weltleuten vor dem Gespräch graute, und andere Naseweisen auf Vereinigung beider Religionen trachteten, ward in dieser Zeit ein Buch geschmiedet, welches beiden Religionen gefallen sollte, daraus nach Doktor Martins Absterben das Interim[101] geschmolzen ist. Die Unseren beriefen sich auf die Konfession zu Augsburg und zeigten die Ursache an, weshalb sie dies wetterwendische zweizün-

---

[100] Aus dem Stehgreif.
[101] Jene 1548 bekannt gemachte Verordnung wie es einstweilen, d. h. bis man sich über die streitigen Punkte geeinigt haben würde, mit der Religion sollte gehalten werden.

gige Buch von gesammelter Religion nicht annehmen könnten. Man fertigte auch einen Gesandten nach Wittenberg ab und ließ dieses Buch an Doktor Martin gelangen, er wolle den Religionsvertrag befördern und billigen helfen. Der Doktor merkte, daß ein Loch in unsere Religion gemacht werden sollte; darum riet er zur Einigkeit, was Zeremonien und äußerlichen Kirchengebrauch anbeträfe, dagegen riet er in den Artikeln des Glaubens keine zwiefache Worte zur Erklärung der vornehmsten Artikel einschleichen zu lassen; die Schrift sei wie ein Ring; wenn der an einem Orte breche, so wäre er nicht mehr ganz.

Als endlich auf gnädiges Begehren Kaiser Karls von jedem Teil drei Personen zum neuen Gespräch bewilligt, und vom Kaiser selbst treulich ermahnt worden, den Sachen mit höchstem Ernst und Fleiß nachzutrachten, ging das Gespräch wieder an. Da einige Unterhändler vom Gegenteil sich etwas gelinder vernehmen ließen, ward Eck mit den Seinen selbst uneins und nach vielfaltiger Handlung wurde auf Rat der Papisten aller Sachen Erörterung dem römischen Legaten heimgeschoben, der's nach Rom gelangen lassen sollte. Darauf verging abermals dieses Gespräch, in welchem der Widersacher Torheit immer mehr bekannt und die Augsburger Konfession von mehreren angenommen wurde.

Dieses Jahr war unser Doktor sehr schwach und hörte eine Zeitlang wegen seines Flusses schwerlich; doch wenn ihm ein wenig wohl war, feierte er nicht. Er schrieb ein Buch wider den Hanswurst tituliert, in welchem er sich wie ein redlicher Mann verantwortete gegen das Vorgeben seiner Mißgönner, als ob er den ganzen Religionshandel Kurfürst Friedrich zu gefallen angefangen habe.

Nach kaum geendetem Reichstag ging ein neuer Reichstag an, denn es hatten die Geistlichen allerlei Güter an sich gerissen; und da nun der Stuhl zu Rom zu kranken anfing, und einen Riß bekam, meinte jeder, wer sich versäumte, daß sei sein Schade. Unser Doktor sagte einstmals am Tisch, St. Johannis Weissagung ist wahr worden, des Papstes Schützer greifen auch zu, und wollen das heilige Grab nicht mehr umsonst behüten. Die großen Häupter erinnern mich an jenen gescheiten Hund, der seinem Herrn Fleisch aus der Schlachtbank heim trug. Wenn Hunde unterwegs an ihn kamen, setzte er seinen Korb nieder, und wehrte sich redlich; merkte er aber, daß er überwunden war, so fiel er zuerst über den Korb her, auch wußte er, wo das Beste im Korbe lag.

Im Anfang des Jahre 1542 weihte Luther einen Bischof zu Zeitz nach St, Pauli Ordnung und der ersten Kirche Gewohnheit, und diese seine christliche Weihe verteidigte er mit einer öffentlichen Schrift.

Um diese Zeit am guten Freitage ging auch der Fladenkrieg[102] an. Ich habe damals viele Seufzer und nasse Augen zu Wittenberg gesehen. Wie unserem friedlichen

---

[102] Den Krieg (1542) zwischen dem Kurfürsten von Sachsen, Johann Friedrich, und dem Herzog Moritz wegen des Stiftes Wurzen nannte man im Scherz den *Fladenkrieg*, weil die Truppen, als sie, (auf Vermittlung des Landgrafen von Hessen) am Sonnabend vor Ostern wieder auseinandergingen, überall mit Osterfladen und Osterkuchen beschenkt wurden.

Doktor dieser Handel gefiel, zeigt seine ernste Schrift, die er an beide Feldherren stellte. Zu Krieg und Unfrieden hat er nie geraten, das bezeugten Männer wie Melanchthon und viele gute Leute. Um diese Zeit waren auch Kriegsherrn auf den Beinen, deren Landschaften Doktor Luther baten, daß er's widerraten möchte. Er tat einen Fußfall und riet man solle dem Frieden nachjagen. Als man aber guten Rat nicht folgen konnte, sondern seines Gebets begehrte, sprach der Doktor: „Ein Vaterunser schick ich mit, aber die Zehn Gebote kann ich nicht mitschicken. Alte Schuld rostet nicht, und mit der Zeit muß alles bezahlt werden."

Des friedfertigen Mannes Ratschläge erwähne ich mit verdeckten Worten, damit sich junge Prediger in weltliche Händel nicht einmischen oder Lärm blasen helfen, nicht in einer Hand die Bibel, und in der anderen St. Peters Schwert führen, sondern an des Doktors Bescheidenheit in solchen Sachen gedenken, Die Feinde des göttlichen Worts griff er wie ein unerschrockener Held freudig an; weltliche Sachen, denen er mit Gottes Wort nicht raten konnte, mußte er geschehen lassen. Ein Feldoberster sagte zu mir: „Herren werden uneins und wieder eins, arme Gesellen müssen arme Gesellen bleiben, darum menge sich keiner in der Herren Händel."

Unser Doktor blieb bei seinem Gebet und Genesi[103], riet zum Frieden so viel ihm möglich. Auf Anhalten eines Grafen, der ihm etliche Judenbücher zusandte, ward der Doktor veranlaßt, sein köstliches Buch von den Juden und ihren Lügen im Jahr 1543 zu schreiben.

---

[103] Bei seiner Arbeit mit dem Buch Genesis.

Nicht, daß er sie zu bekehren ein Buch machte, sondern daß er seinen Herren Christum wider die stachligen Distelköpfe das Wort redete. Dabei gibt er guten Rat und Bericht, wie man mit den greulichen Leuten handeln solle, welche die ganze Bibel mit ihren Lügen verfälschten. Für seine Person hätte er den Juden gern gedient, wie er auch im Anfang etliche taufen ließ, und einige an gute Freunde empfahl. Aber sie hielten nicht Glauben, und ließen sich bestellen, daß sie ihn mit Gift umbrächten. Ich habe im 40. Jahr mit seinem Vorwissen einen Juden an seinen Tisch gebracht, welcher eine Zeitlang im Tal zur Kirche gegangen war, und um die Taufe ansuchte. „Jude," spricht der Doktor, „ist dir's Ernst, wir wollen dir gern unseren Kirchendienst leisten. Ich bin allen Juden hold, um eines frommen Juden willen, der aus eurem Geschlecht, doch von einer keuschen Jungfrau geboren ward. Aber ihr haltet selten Farbe." Wie sich der Jude ernstlich vernehmen läßt, fragt er, wie er heiße, und woher er wäre, und der Jude nannte sich Michel von Posen. „Mein Jude," sprach der Doktor, „man hat mich vor einem Juden des Namens gewarnt, aber du scheinst viel zu einfältig dazu." Darauf fängt der Doktor am Tische an, eine wunderbare Historie von diesem Juden zu erzählen: Einige Bischöfe außerhalb des Römischen Reichs hielten einen heimlichen Rat mit Jud Michel von Posen, daß er unserem Doktor Gift beibrächte, und versprachen ihm tausend Gulden. Obwohl nur vier Personen in diesem geheimen Schalksrat waren, dennoch läßt der eine unseren Doktor durch eine namhafte Stadt warnen, welche ihm den Namen und die Anstalt des Juden anzeigt, welcher

Willens sei, sich beim Doktor als ein Wundermann von vielen Sprachen und großer Erfahrung anzugeben, um mit ihm zu essen. Über Tische wolle er mit einem vergifteten Bisamknopf[104] spielen und den in seinen Becher fallen lassen, und dem Doktor halb bringen, sich aber zuvor mit guter Arznei vor dem Gift verwahren. Darauf hatte der Doktor eine Zeitlang einen Wächter am Kloster. Unter der Zeit kam ein Jude, der gab vor, er wolle die Bibel in mehreren Sprachen zu Wittenberg drucken lassen. Viele Stücke in dem Warnbriefe des Doktors trafen mit diesem Juden ein, nur das schwarze Haar war ungleich, jener sollte gelbe Haare haben. Darum führt man den Juden zum Barbierer, man läßt ihn in scharfer Lauge waschen, ob er sie mit Zigeunerfarbe geschwärzt hätte. Der Meister hielt so stark an, daß der Jude darüber unwillig ward, aber die Farbe wollte nicht ausgehen. Darum ließ man von dem Juden ab. Über sieben oder acht Jahre, als man des Handels nun schier vergessen, und der Doktor seinen Warnungsbrief verloren hatte, kommt der schuldige Jude, gibt sich mit seiner geschwinden Sternseherkunst beim Herrn Philipp an; der bittet den Herrn Doktor zu sich, daß er den fremden Wundermann hören solle. Über Tisch läßt sich der Jude vernehmen wie ein gelehrter und weit erfahrener Abenteurer, und tut guten Bericht von türkischer, indianischer, armenischer und vielen anderer Religionen, und saget daneben, weil er so viel

---

[104] In der Regel eine kleinere, kunstvoll verzierte metallene Kugel, in welcher Duftstoffe wie Moschus eingeschlossen werden konnte und die gegen Krankheiten sowie auch als Schmuck getragen wurde.

Glauben gesehen, habe er Wittenberg auch besuchen wollen. Er meldet sich auch beim Doktor, und will geheim mit ihm im Schach ziehen, wie er denn alle Sachen mit Fleiß zuvor ausgekundschaftet hatte. Man geht heim; doch wie der Doktor auf die unterste Stufe in seinem Hause tritt, fällt ihm ein, oder ein Engel erinnert ihn daran, wie wenn das der Jude wäre, vor dem er gewarnt worden. Er sucht den Brief, findet ihn aber nicht mehr, doch fallen ihm viele Merkzeichen ein, die beim Juden zusammentrafen. Wie der Doktor früh nach Torgau reist, befiehlt er, man solle in seiner Abwesenheit niemand in sein Gemach lassen. Der Jude kommt des anderen Tages, aber man läßt ihn nicht ein. Unter der Zeit bricht der Handel aus. Man beginnt zu murmeln, der bestellte jüdische Meuchelmörder sei angekommen. Das vernimmt der Jude und verliert sich in wenig Tagen. „Dieser Jude," sagt der Doktor zu seinem Gaste, „den ich an den Tisch brachte, hieß ebenso wie du, und war dein Landsmann; ich hoffe aber, du seist nicht seiner Art, du siehst ihm auch nicht ähnlich."Der Doktor sagt noch, er wolle des Juden Sache an die Gelehrten gelangen lassen. Herr Philipp, Doktor Kreutziger und andere nehmen den Juden vor, und fragen ihn nach Zeugnissen. Der Jude beruft sich auf mich; ich wußte aber nicht mehr von ihm, als daß ich ihn in der Predigt gesehen, und daß ihn ein fremder Graf im Gasthof die Treppe hinunter geworfen. Ich rate, der Jude solle aus dem Tal, darin er sich eine Zeitlang aufgehalten, Kundschaft bringen. Der Jude beschwert sich über die Reise seiner Armut wegen, ich erbiete mich, ihm Zehrung vorzustrecken, meine Schüler fertigen ihn ab mit Briefen und schönen Büchlein, darin er unterwegs lesen solle; der Schalk kommt aber nicht ins Tal, und wie nachmals die Rede ging, soll er auf's Rad gestoßen[105] sein. „Wo bleibt Euer Jude?" sagte der Doktor, über eine Zeit mir. „Er hat Euch redlich angeführt." „Es ist ein kleiner Schade," sprach ich," am Gelde, denn daß er Euch und die Taufe betrogen hätte." „Es sind arme verstockte Leute," spricht der Doktor, „sie gehen mit Büberei um, vor und nach der Taufe. Darum bleibt des getauften Juden letztes Testament, der als Probst zu Köln starb, in seiner Kraft. Der hielt viele Jahre Messe, und als man nach seinem Glauben und Bekenntnis fragte, sprach er, in meiner versiegelten Truhe werdet ihr mein Testament und Konfession beieinander finden. Darin hatte er eine gegossene Katze und Maus gegeneinander gestellt mit dieser Inschrift: *Wenn diese Katz die Maus frißt, so wird ein getaufter Jude ein rechter Christ.*" Unser Doktor ermahnte uns auch sehr oft, wir sollten mit Juden nicht disputieren, es wäre nichts von ihnen zu erhalten, so wäre es verdrießlich nichts denn lauter teuflische Gotteslästerung zu hören. In seiner letzten Predigt, so er zu Eisleben den Sonntag vor seinem

---

[105] D. h. er wurde mit dem Rad gerichtet. Ein solcher Verurteilter wurde mit Holzpflöcken unter Armen und Beinen auf dem Boden fixiert. Der Scharfrichter brach ihm daraufhin mit einem schweren Wagenrad alle seine Glieder. Zum Schluß der Prozedur konnte dem Verurteilten als Gnadenakt der Stoß mit dem Rad auf's Brustbein gewährt werden. Der Körper wurde daraufhin mit den gebrochenen Gliedmaßen durch die Speichen des Wagenrades geflochten und welches dann auf einen hohen Pfahl aufgesetzt wurde.

Absterben getan, schloß mit einer ernstlichen Ermahnung, daß die Obrigkeit, wenn sich die Juden nicht zu unserem Messias bekehrten, sie in ihren Landen nicht dulden solle als öffentliche Feinde und Lästerer unseres Herrn; darum endlich Städte und Flecken mit allen Juden zu Grunde gehen müßten.

Als nun Luther die schönen Texte in der Bibel von den Lügen der Juden gereinigt und ihre Lästerung offenbart hatte, gibt er in diesem Jahre den drei Personen der heiligen Dreifaltigkeit und den beiden Naturen in der einigen und unzertrennten Natur des Herrn Christi sehr gewaltiges Zeugnis in dem teuren Buche, das er über die letztem Worte oder Testamente Davids mit großem Geiste schreibt. Wenn alte Leute Bücher schreiben, die in schweren und tiefen Anfechtungen gesteckt, und mit dem Teufel gekämpft haben, solche haben Hände und Füße und gehen zu Herzen.

Dieses Jahr über fährt auch unser Doktor in seinem ersten Buch Mosis fort; auch schrieb er wegen des Streits über das Abendmahl ein kurzes Bekenntnis von demselben im Jahr 1544.

Hierauf sagte er im Jahr 1545, „ich habe mich auf den Namen und das Wort Jesu Christi mit dem Papst, aufgenommen und mich wider seine Lügen eingelassen, mit ihm will ich's auch beschließen." Darauf ließ er das gewaltige und ernste Buch wider das Papsttum ausgehen, wie er auch in diesem Jahre viele scharfe Gemälde abreißen ließ, darin er den Laien, so nicht lesen konnten, des Antichrists Wesen und Greuel vorbildete. Heftig und scharf und voller brennender Worte ist dieses Buch. Wir wollen des großen Gerichtstages des gerechten Richters warten, ob Doktor Luther ihnen zu wenig oder zu viel getan habe. Auch hoffe ich die Welt wird noch einmal gewahr werden, ob Gott mit päpstlicher Heuchelei oder mit Christi Diener Ernst und Eifer mehr gedient sei.

In diesem Jahr besuchte ich Doktor Luther zum letzten Mal und brachte ihm das Lied mit, darin unsere Kinder den Antichristen austreiben. Ich hatte damals etliche Fragen der Religion halber an ihn. Es fielen über Tische viele Historien vom römischen Bischof und seiner Klerisei vor, weil der Doktor damals mit seinem letzten Buch wider das Papsttum umging. Auch zeigte er uns etliche Gemälde, darin er den Laien, wie er sich vernehmen ließ, das Papsttum vorgemalt habe. Über Tische, wird unter anderen eine Historie erzählt, wie ein Bergmann einen Ablaßkrämer auf dem Schneeberge angesprochen, ob es denn wahr wäre, was er von der Kraft des Ablasses und von der Gewalt des heiligen Vaters gepredigt habe, daß man nämlich mit einem Pfennig, sobald er im Becken klänge, eine Seele aus dem Fegefeuer erlösen könne? Wie der Ablaßkrämer darauf besteht, spricht der Bergmann: „Was muß der Papst für ein unbarmherziger Abenteurer sein, der um eines Pfennigs willen eine arme Seele so lange im Fegefeuer schmoren läßt. Möchte er doch, so er anders keine Barschaft hat, etliche hunderttausend Gulden aufleihen und alle armen Seelen auf einmal losmachen! Wir armen Leute wollten gern die Hauptsumme und was für Interessen und Unkosten darauf gegangen wären, nach aufrichtiger Berechnung wieder erstatten." „Habt Dank," sagte, der Doktor, „mein alter Bergmann, den

Gruß will ich noch, so Gott will, dem heiligen Vater zum neuen Jahr nach Rom schicken." Hierneben fielen mehrere gute Reden vom Berggut, weiches ebenso gutes Geld wäre als anderes wohlerworbene Gut, aber weil's häufig und mit Freuden einkommt, so geht es gewöhnlich mit Haufen und mit Schalle wieder weg.
Weil wir heute unser Bergfest halten, so sei euch in dieser Stunde noch berichtet, wie Doktor Luther, dieser Bergmannssohn, sich gegen ehrliche Bergleute freundlich und vertraulich habe. Als er die falschen Lehren der Kirche, samt vielen ärgerlichen Gebräuchen mit guten Grund umstieß, fielen auch zugleich die alten heuchlerischen Fasten samt der Fastnacht, welche ein recht heidnisches Fest war. Da nun die Leute berichteten, daß es gleichwohl nicht unrecht wäre, in Ehren fröhlich und guter Dinge zu sein, und an ehrlichen Orten zusammen zu kommen, denkt ein ehrsamer Rat zu Wittenberg auf Wege, wie Einigkeit und guter Wille zu erhalten wäre, und beschließt deswegen, daß er indem Rathaus etliche Tage sich versammeln wolle, und läßt die von der Universität zu sich laden. Diesmal wird auch unser Doktor ersucht und zu dieser löblichen Gesellschaft gebeten. Nachdem er aber den deutschen Fast- und Fraßtag abgeworfen, wollte ihm nicht gebühren mit seinem Beispiele der Lehre einen bösen Namen zu machen, deswegen wies er die Ladung für sich ab, hieß sie aber fröhlich sein, und Einigkeit erhalten. An diesem Tage liefen junge Leute nach alter heidnischer Weise in der Mummerei, (denn böse Gewohnheit ist nicht leicht abzuwerfen), und kommen vor des Herrn Doktors Haus. Aber böse Nachrede zu vermeiden wird keiner

eingelassen. Unter anderen ist aber ein gelehrter junger Mann, der tut sich hervor mit seiner Gesellschaft, die lassen sich Bergkleider zuschneiden und rüsten sich wie Schieferhauer mit ihren Scheidhämmern ohne Leichtfertigkeit zur höflichen Kurzweil. Sie lassen sich beim Doktor angeben, und wie der Doktor hört, daß eine Mummerei von ehrlichen Schieferhauern vorhanden, spricht er: „Die laßt mir herein, das sind meine Landsleute und meines lieben Vaters Schlegelgesellen; denen Leuten, weil sie die ganze Woche unter der Erde stecken in bösem Wetter und Schwaden, muß man bisweilen Ergötzung und Erquickung gönnen und zulassen." Darauf tritt die Gesellschaft vor des Herrn Doktors Tisch, setzt ihr Schachspiel auf, und der Doktor als ein geübter Schachzieher nimmt's mit auf. „Ihr Bergleute," sagt er, „wer in diesen Schach oder in euern tiefen Schacht ziehen, nicht Schaden nehmen oder das Seine mit Unrat verbauen will, der soll, wie das Sprichwort lautet, seine Augen nicht in die Tasche stecken, denn es gilt an beiden Orten Aufsehens." Darauf, macht der Doktor seinen Schachgesellen matt, der läßt ihm das Schachspiel, und bleibt bei ihm, und alle sind in Ehren und Züchten fröhlich, singen und springen. Dieser Historie gedenke ich, daß ihr daraus spüret, wie sich die Bergart, in dieses Bergmanns Sohne auch reget, daß er gerne Bergleute um sich gehabt, und mit ihnen kurzweilig gewesen sei. Ungefähr im Jahr 1542 kommen zwei Bürger aus Joachimsthal nach Wittenberg, und besuchen den Herrn Doktor, bringen ihm auch einen schönen Handstein mit von rotgoldigem Erz. Diesen beiden erzeigt er allen guten Willen und bittet sie zu sich. Über Tisch spricht der eine: „Herr Doktor, mein Geselle hat sich etwas hart an Euer Ehrwürden vergriffen, denn als man euer Bild auf dem Altenberg in der Fastnacht verbrannte, hat er sich daselbst zum Richteramt gebrauchen lassen, nun er aber zum Evangelium berufen, ist ihm solches von Herzen leid." Dem Doktor gefällt die Rede: „Wohlan," spricht er, „weil er es mit Unverstand getan, und sein papistisch Feuer mir und meiner Lehre nicht geschadet, sei es vergeben und vergessen im Namen des Herrn." Wie dieser Handel ein gutes ehrliches Gelächter gab, spricht der Absolvierte: „O Herr Doktor, ich danke eurer Gnade, aber ich habe noch eine große Schuld auf mir, bitte Ihr wollt mich auch davon absolvieren, denn ich armer Bergmann habe mich in meiner Zeche verpufft, und bin an die 500 Gulden schuldig." „Wohlan," sagte der Doktor, „ihr Bergleute, wenn ihr am ärmsten seid, so blühet euer Glück, denn da haltet ihr an, und sehet selber zu euren Zechen; und Not lehrt euch beten, zur Kirche gehen, nüchtern und mäßig zu sein; darum wißt ihr selber nicht, mir reich ihr seid. Ziehet heim und arbeitet treulich und handelt redlich, und hofft zu Gott, der läßt immer Erz wachsen und gibt's zur rechten Zeit denen, die in ihren Zechen anhalten, und bei ihm in Geduld aushalten. Der reiche Gott wird mit euch sein; auf seinen reichen Segen und milde Hand absolviere ich euch von aller eurer Schuld." - Ehe dieser Bergmann wieder zu Hause kommt, kriegt er Botschaft unterwegs, man habe in seiner Zeche auf dem seligen Asa[106] gutes

---

[106] Berg im Erzgebirge.

Erz angetroffen; da löst er Geld, und zahlt alles ab und behält noch übrig.

Wie sich nun unser Doktor gegen diesen Joachimsthaler freundlich und fröhlich vernehmen ließ, also kann ich's mit Wahrheit bezeugen, der ich es selber gesehen und erfahren, daß er sich gegen dieses Tal, gegen unsere gnädige Herrschaft und andere Bürger und ihre Kinder, gegen diese Kirche und ihre Diener, günstig und willfährig zu jeder Zeit verhalten habe. Ich habe seiner Briefe etliche gesehen, die an unsere alte gnädige Herren mit selbsteigener Hand geschrieben. An seinem Tisch hatte er auch unseres Bürgermeisters Sohn, und die, welche euch in' eurer Kirche mit dem Wort gedient, eine Zeitlang gehalten, und eure Kirche bestellen helfen. Im Jahr 1541, ward ich ins Tal berufen, und habe sieben von euern Gesandten an des Doktors Tisch gebracht, mit denen er sehr fröhlich und guter Dinge war; und weil etliche Singer unter ihnen, wünschte er zu hören, was man für Musik im Tal hielte. Er holte auch über Tisch ein kristallenes Glas, das St. Elisabeth sollt gewesen sein, darin schenkte er selber ein, und ließ einen Randtrunk umhergehen. Weil man damals etliche Kinder aus dem Tale deponierte, ließ er sich selber gebrauchen, und absolvierte sie mit sehr schönen Worten. Als sich aber etliche Fundgrübner[107] mit schönen Handsteinen und geschnittenen Stufen[108] und Schaugroschen wie ehrliche Bergleute am Tisch erzeig-

---

[107] Das sind Besitzer einer Fundgrube, oder einer Grube, wo man zuerst das gesuchte Erz gefunden hat; auch versteht man darunter wohlhabende Bergleute.

[108] Stufe bezeichnet ein abgehauenes Stück Erz oder Gestein.

ten und ihrer Kinder wegen sich bedankten, fing er an vom Bergwerk zu reden. „Gottes Wort," sprach er, „ist durch Feuer gereinigt wie ein Brandsilber, das siebenmal durchs Feuer gegangen, und in dem keine Müdigkeit und Unreinigkeit mehr ist. Die werte Christenheit ist wie ein schmales, festes und edles Gänglein, das durch die großen Gebirge und Felsen streicht, und oft schier gar verdrückt wird. Aber der aller Gebirge mächtig ist, macht seinem Gänglein, darauf seinem Sohn vermessen ist, oftmals Raum, daß es einen Bauch wirft, und gibt was es geben soll. Wohl denen, die mit diesem schmalen und festen Gänglein belehnt sind, das durch einen sehr klemmigen Stein streicht, und ihre Zubuße mit rechtem Glauben, herzlichem Gebet und christlicher Liebe in Geduld reichen, die Ausbeute ist gewiß, nur liegt viel Abraums darauf."

Jenes letzte Mal 1544 führte mich ein frommer Fuhrmann nach Wittenberg; der bat unterwegs, weil er mit uns nach Rom zöge, sollten wir helfen, daß er auch den rechten Papst allda sehen könne. Als wir zum Doktor zu Gast gingen, bestellten wir, man sollte uns über Tisch ansagen, wenn unser Gespann käme und uns heimholen wollte. Ein Diener spricht über Tisch, der Fuhrmann ist da. „Wer ist da?" sagte der Doktor. „Herr Doktor, unser Fuhrmann, ein guter Mann, der uns ordentlich gefahren, und alle Morgen mit uns gesungen, auch keinen Fluch von sich hat lauten lassen, auf dem ganzen Wege nie voll gewesen ist, und daheim keine Predigt versaumt; der wollte Euch gern sehen." „Laßt ihn herein," sagte der Doktor, und der Fuhrmann stellt sich fein sittlich und ehrerbietig neben die Türe.

Der Doktor fordert ihn zu sich an den Tisch, bietet ihm die Hand, schüttelt ihm diese, und spricht: „Wenn du zu deinen Freunden kommst, sag', ich habe Doktor Luther, den größten Erzketzer bei seiner Hand gehabt." Darauf bringt er ihm eins aus seinem Glase, und unser Fuhrmann hätte nicht was Großes für diese Ehre genommen, wie er's auch hernach mit Frohlocken vielmals bei seines Gleichen gerühmet hat. Hohe Leute, tiefe Demut und ehrlicher Sinn, sie verachten Arme und Geringe nicht. Wie fein stehet es, wenn erleuchtete Männer ihr Licht leutselig gegen niedrige scheinen lassen, und folgen dem schönen Beispiele des Sohnes Gottes, der auch mit armen Fischern fein nachbarlich umging, sie in der Nacht zudeckte, und ihnen bei Tische vorlegt.

Auf diese Zeit habe ich Doktor Martin zum letzten Mal gesehen und gehört, darum ich seines letzten Worts zu mir gern gedenke. Denn, wie er mir am 24. April einen Trostbrief an Magister Kaspar Heiderich gab, dem abwesend sein Söhnlein zu Freiberg gestorben war, und ich ihn gesegnet, sagte ich: „Herr Doktor, nur noch ein Wort. Christus spricht, *das für euch gegeben wird*; lautet solches vom Opfer am Kreuze oder von der Austeilung des wahren Leibes Christi im Abendmahl?" „*Utrumque*, beides," spricht er. Darauf sah ich ihn zum letzten auf dieser Erde. Will's Gott, so will ich ihn bei unserem Herrn Christo wieder mit Freuden anschauen, und ewig sein Tischgesell bleiben! Ihr Bergleute laßt es euch eine Ehre sein, daß solch ein Mann eines Bergmanns Sohn gewesen, daß er eure Kirchendiener ordiniert, daß viele ehrliche Bürger des Tals ihn gesehen, gehört, mit ihm gegessen und getrunken haben, wie auch, daß die größten Kirchenlichter zu Wittenberg, Melanchthon, Justus Jonas, Kreutziger und andere mehr dieses Tal gern gesehen, auch mit euren Kirchendienern gute Freundschaft gehalten haben. Sprich deinen Segen, lieber Herr, zu unserem löblichen Bergwerk, laß neue Gänge ausschürfen und eine reiche Zeche angehen, damit deine löbliche Kirche und Schule fürder erhalten werde. Amen.

Siebente Predigt.

Geliebte Freunde im Herrn! An diesem 18. Tage des Februars, ist vor 18 Jahren unser ehrwürdiger lieber Herr und Vater, Doktor Martin Luther zu Eisleben in wahrer Bekenntnis und Anrufung des ewigen Mittlers seliglich Entschlafen.

Die erste Christenheit hielt ihre Nachtwachen bei den Gräbern der heiligen Märtyrer, um die Lebendigen über ihren Tod zu trösten, ihr Andenken zu bewahren. Hilf du ewiger Sohn Gottes, der du unseren Luther durch deinen Geist erweckt, und viele Wunder in Kraft deines Wortes, durch ihn gewirkt hast, daß wir deinem hohen Priestertum und ewigen bischöflichen Amte zu Ehren deines treuen Dieners als dankbare Schüler und Kinder oft gedenken und dich in ihm und seiner Lehre für und für preisen: Amen!

Als nun der Doktor, wie der alte Abraham, von Tag zu Tage abnahm und schwächer ward, richtet der Teufel immer ein Ärgernis über das andere in seinem Sprengel an. Er predigte darwider und ward doch so heftig darüber bewegt, daß er dies Jahr von Wittenberg wegtrachtet, und hielt sich eine Zeitlang beim Fürsten von Anhalt zu Merseburg auf. Aber die Universität forderte ihn wieder durch eine ehrliche Botschaft. Da ließ er sich bereden. Das liebe Alter hat seine Schwachheit und Gebrechlichkeit; das sollen junge Leute zu gut halten lernen, und sich fürchten vor der Alten Seufzer und Tränen. Wie er wieder heim kommt, vollendet er seine Genesis, am 17. Tage des November, daran er 10 Jahr mit höchstem Fleiß gearbeitet hatte. Mit sehr sehnlichen Worten beschließt er diese, seine Lektion öffentlich. „Das ist nun der liebe Genesis," sagte er, „unser Herr Gott gebe, daß andere nach mir besser machen, ich kann nicht mehr; ich bin schwach, *orate deum pro me*[109], daß er mir ein gutes seliges Stündlein verleihe. Freilich sind die letzten Gedanken die besten, wenn sie zumal auf Gottes Wort gerichtet sind, und daraus herquellen, und alter Leute Predigten und Bücher sind wohl zu merken und aufzuheben. Bei euch meinen Pfarrkindern und Schülern zeuge ich mit Wahrheit, ich habe mein Tage, daß ich der Propheten und Apostel Schriften verstehen lernte, viele schöne Bücher gelesen, aber schönere und tröstlichere Auslegung, ist mir auf dieser Welt nicht vor Augen gekommen. Mein Genesis, und sonderlich der letzte Teil, den ich Lernens, Lehrens und Trostes halber oft durchlesen, unterstrichen und beschrieben habe, mag dieses Zeugnis bestätigen."

---

[109] „Bittet Gott für mich."

Wie nun unser abgearbeiteter und kranker Doktor seinen Moses beschlossen, liest er forthin nicht mehr öffentlich, bisweilen predigt er, daneben geht er mit Todesgedanken um; redet und höret gern vom Sterbestündlein und von denen so sanft und seliglich entschliefen. „Lieber Vater," sagte er einst, „spanne mich aus, ich habe mich in der armen Welt müde gezogen."
In seinen letzten Jahren schreibt der Doktor in vieler Leute Bücher; gemeiniglich aber legt er die Sprüche aus, die in Sterbensnöten zum Trost gereichen. Gläubige Leute sterben alle Tage, wenn sie Todesgedanken fühlen und erquicken sich mit lebendigen Sprüchen des Evangeliums. Einst sagte er von Magister Ambrosius Bernhardi: „Der Mann ist fein, sanft eingeschlafen, er wußte nicht, daß er starb, er weiß auch noch nicht, daß er tot ist, denn er schlief im Wort und Erkenntnis Christi ein."
Als nun das Jahr 1546 kommt und das Konzilium zu Trient fortgehet, daneben ein Reichstag und neues Gespräch zu Regensburg angestellt ist, wird unser Doktor von seinen Herrn, den Grafen zu Mansfeld erfordert, einigen Zwiespalt, der sich unter ihnen erhoben, beizulegen und zu vertragen. An Welt- und Herrenhändeln nahm Luther sonst keinen Teil, aber seinem Vaterlande und seinem Erbherrn konnte er's nicht abschlagen, mit seinem Vaterunser und guten Rat zu dienen. Darum machte er sich am 23. Januar mit seinen drei Söhnen auf den Weg. Des anderen Tages kommt er nach Halle zu Doktor Jonas und predigt allda am St. Pauli Bekehrungstage und bringt über Tische seinem Wirt einen Trunk und macht zwei Verse

dazu von des Glases Gebrechlichkeit, welche sich ungefähr so übersetzen lassen: Der gebrechliche Luther bringt dem gebrechlichen Jonas auf einem gebrechlichen Glase einen guten Trunk, daraus sich ein jeder seiner Schwachheit zu erinnern habe. Wovon das Herz voll ist, geht der Mund über; der Mann trägt Todesgedanken bei sich, und fängt an von Tage zu Tage zu sterben und der Ruhe zu begehren. Am 28. des Monats, sitzt er mit seinen drei Söhnen und Doktor Jonas in einem Schifflein, denn die Saale war sehr übergetreten. Dies geschah nicht ohne Not und Gefahr, denn ein Sturmwind hätte bald das Schifflein umgestoßen, wie er denn selbst gesagt: „Wäre das nicht dem Teufel ein feines Spiel und Wohlgefallen, wenn ich mit euch und dreien Söhnen im Wasser ertränke."

Darauf kommt er nach Eisleben in großer Schwachheit, darum er auch auf dem Wege sagt: „Das tut mir der Teufel allweg; wenn ich was Großes anfangen und ausrichten soll, daß er mich zuvor also versucht und hart angreift." In der Herberge läßt er sich mit warmen Tüchern reiben, und darauf wird ihm besser; er setzt sich den Abend mit zu Tisch, und geht am folgenden Tage zur Verhandlung und redet das Beste mit herzlichem Gebet, Gott wolle seinen Segen dazu sprechen, daß alle Sachen richtig entschieden und vertragen würden. Er vergißt aber darüber nicht seines Amtes, wartet seines Gebets Abends und Morgens treulich ab; zu Nachts, ehe er schlafen geht, steht er fast eine halbe Stunde an seinem Fenster, siehet gen Himmel und wirft alle seine Sorge und Anliegen auf den Herrn. Obschon er schwach und matt war, predigt er in diesen 21 Tagen zu Eisleben viermal das Sonntagsevangelium, wie er sich auch zweimal absolvieren läßt, einmal öffentlich vom Kirchendiener, so das Amt hält, darnach im Hause, und darauf den wahren Leib und Blut des Herrn öffentlich empfängt.

Am 7. Februar hat er zuletzt dem hohenstein'schen Rentmeister in seine Hauspostille mit eigener Hand geschrieben, Joh. 8. *Wer mein Wert hält, der wird den Tod nimmermehr sehen*. Am 15. Februar nur zwei oder drei Tage vor seinem Ende, hat er seine letzte Predigt getan, aus dem Evangel. Matth. 11. von der Welt Weisheit, und der seligen Klugheit, so Gott den Unmündigen offenbart, hat auch seiner Schwachheit auf der Kanzel gedacht.

Am Mittwoch, den 17. Februar hat man seine Mattigkeit deutlich gespürt. Darum haben ihn die Grafen gebeten, er wolle sich der Verhandlung entschlagen und seiner Ruhe abwarten. Doch hat er sich zum Abendessen an Tisch gesetzt und allda viele, schöne Reden getan, wie Gott alle 20 Jahr eine neue Welt schaffe, und mit den Kindern seines Himmelreichs fülle. Diesen Abend hat der ehrwürdige Vater auch der Frage gedacht, ob die Seligen sich im ewigen Leben untereinander wieder kennen werden.

Darauf steht er von seinem Stuhl auf und spricht, es werde ihm immerwährend bange um die Brust, doch tritt er noch seiner Gewohnheit ans Fenster und betet. Darauf wird er schwach, die um ihn waren rufen die Gräfin, und Ärzte reiben ihn mit warmen Tüchern. Wie Graf Albrecht kommt und fragt: „Wie geht's lieber Herr Doktor?" antwortet er: „Es hat noch keine

Not, gnädiger Herr, es beginnt sich zu bessern." Darauf gibt man ihm von geschabtem Einhorn zweimal ein. Um neun Uhr legt er sich wieder auf's Ruhbettlein und sagt: „Wenn ich eine halbe Stunde schlummern könnte, hoffte ich, es sollte alles besser werden." Allda schläft er bis um zehn, steht wieder auf und geht in seine Kammer, und wie er über die Schwelle schreitet, spricht er: „Walt's Gott, ich geh zu Bette, in deine Hände befehl ich meinen Geist, du hast mich erlöst, du treuer Gott." Darauf legte er sich in sein gewärmtes Bette, und hielt dem Doktor Jonas und Magister Coelius und anderen die Hand und wünschte ihnen eine gute Nacht mit diesen Worten: „Betet zu unserem Herr Gott für sein Evangelium, daß es ihm wohl gehe, denn das Konzilium zu Trient und der leidige Papst zürnen hart mit ihm." Darauf blieben die Nacht in der Kammer seine beiden Söhne Martinus und Paulus, Doktor Jonas und sein Diener, Ambrosius und andere Diener. Allda hatte er sanft geruht bis um eins. Wie ihn Doktor Jonas fragte, ob er wieder Schwachheit empfinde, spricht er: „Ach Herr Gott, wie war mir so wehe. Ach lieber Doktor Jonas, ich dachte, ich würde hierzu Eisleben, wo ich geboren und getauft bin, bleiben." Darauf antwortet Doktor Jonas: Ach *reverende pater*[110], Gott unser himmlischer Vater, wird helfen durch Christum, den ihr gepredigt habt. - Da ist er ohne Hilfe und Handleitung in das Stüblein gegangen, hat unterwegs seine vorigen Worte wiederholt: „*In manus tuas domine commende spiritum meum*,[111]" und nachdem er

---

[110] „Ehrwürdiger Vater."
[111] „In deine Hand Herr, befehle ich meinen Geist."

einmal oder zweimal im Stüblein auf- und niedergegangen, legt er sich auf's Ruhebettlein und klagt, es drücke ihn um die Brust hart, doch schone es noch des Herzens. Da hat man ihn gerieben, und seinen Wirt und Ärzte aufgeweckt, auch Graf Albrecht und seine Gemahlin geholt, welche viel Labsal und Stärkung mitbrachten. Aber der Doktor spricht: „Lieber Gott, ich fahre dahin, und werde zu Eisleben bleiben." Doktor Jonas tröstet ihn; es werde besser werden, denn er habe einen guten Schweiß gelassen. Der Doktor antwortet: „Ja, es ist ein kalter Todesschweiß, ich werde meinen Geist aufgeben, denn die Krankheit mehret sich." Darauf fängt er an und spricht: „O mein himmlischer Vater, ein Gott und Vater unseres Herrn Jesu Christi, du Gott alles Trostes, ich danke dir, daß du mir deinen lieben Sohn Jesum Christum offenbart hast, an den ich glaube, den ich gepredigt und gekannt habe, den ich geliebt und gelobt habe, welchen der leidige Papst und alle Gottlosen schelten, verleumden und lästern. Ich bitte dich mein Herr Jesu, laß dir meine Seele befohlen sein. O himmlischer Vater, ob ich schon diesen Leib lasse, und aus diesem Leben hinweggerissen werde, weiß ich doch gewiß, daß ich ewig bei dir bleiben und aus deinen Händen mich niemand reißen kann." Weiter sprach er auch Lateinisch: „Also hat Gott die Welt geliebet, daß er seinen einigen Sohn gab, auf daß alle, die an ihm glauben, nicht verloren werden, sondern das ewige Leben haben." Ferner sprach er die Worte aus dem 68. Psalm: „Wir haben einen Gott, der da hilft und den Herrn Herrn, der vom Tode erretten kann."

Als man aber allerlei Arznei an ihm versucht, sagte er abermals: „Ich fahre dahin," und spricht dreimal sehr eilends aufeinander: „Vater in deine Hände befehl ich meinen Geist, du hast mich erlöst, du treuer Gott."

Da beginnt er still zu sein, man rüttelt, reibt, kühlt und ruft ihn, aber er tat die Augen zu. Doktor Jonas, Magister Coelius riefen ihm stark zu: „Ehrwürdiger Vater, wollt ihr auf Christum und die Lehre, wie ihr sie geprediget, beständig sterben?" Da sprach er, daß man es deutlich hören und vernehmen konnte: „Ja!" Darauf schläft er ohne Qual des Leibes ein, still und in großer Geduld am 18. Februar früh um drei Uhr, welches der Tag der Concordia war und erkaltet.

Dies geschah im Beisein vieler Grafen, Herrn, Doktoren, seiner Kinder und anderer guter Leute. Gott wolle uns so ruhigen Abschied in wahrer Bekenntnis verleihen.

Am 18. Februar hat man die Leiche in der Herberge stehen lassen. Am 19. Nachmittag hat man ihn mit großer Ehrerbietigkeit in einer schönen Prozession in die Hauptpfarrkirche zu St. Andreas getragen. Dort hat Doktor Jonas eine christliche Leichenpredigt getan, den folgenden Tag und Nacht ist die Leiche in der Kirche von zehn Bürgern bewacht geblieben. Am 20. Nachmittags, als zwei Maler den verstorbenen Doktor abgemalt hatten, wurde von Magister Michael Coelius abermals eine schöne Leichenpredigt gehalten; worauf die Leiche in einen zinnernen Sarg vermacht, mit großer Andacht und Weinen aus der Stadt begleitet und den Abend nach Halle gebracht ist, wo sie mit löblichen Prozessionen angenommen und die Nacht in unserer

Lieben Frauenkirche abermals bewacht wurde. Am 21. hat man die Leiche um Mittag nach Bitterfeld gebracht, wo sie der Kurfürst zu Sachsen durch seine Verordneten an der Grenze annehmen und den Abend mit gewöhnlichen ehrerbietigen Zeremonien nach Kemberg begleiten ließ. Am 22. Februar ist die Leiche zu Wittenberg am Elstertor angekommen, von wo die ganze Universität, der ehrbare Rat und die gemeine Bürgerschaft sie durch die ganze Länge der Stadt mit schönen Zeremonien und Gesängen bis in die Schloßkirche begleitet hat. Vor der Leiche sind geritten des Kurfürsten Verordnete samt den Grafen von Mansfeld ungefähr 45 Pferde; darauf folgte die Leiche und Doktor Luthers eheliche Hausfrau auf einem Wäglein, danach seine drei Söhne, sein Bruder Jakob Luther, Kilian Kaufmann, seiner Schwester Sohn, beide Bürger zu Mansfeld und andere Verwandte; darauf der Rektor der Universität mit einigen jungen Fürsten, Grafen und Freiherrn, die zu Wittenberg studierten, ferner Doktor Bruck, Melanchthon, Justus Jonas, Pommeranus, Kreutziger und alle anderen Doktoren, Magister, der Rat zu Wittenberg und alle Studenten und Bürger. Als die Leiche in die Schloßkirche gestellt war, hat man dabei christliche Grablieder gesungen, Pommer hat eine Leichenpredigt, und Melanchthon eine schöne lateinische Rede gehalten.

Darauf ist Doktor Martins Leib ins Grab gelegt und wie ein selig Weizenkörnlein unter die Erde gesät, welches zur Erscheinung Christi mit Ehre und Freude zur ewigen Herrlichkeit wieder erwecket und auferstehen wird. Komm bald Herr Jesu und laß uns dein Angesicht schauen, und bei dir in Ewigkeit bleiben. Amen!

Aus der Zueignung des Mathesius an die Universität zu Wittenberg.

Hierneben stehe ich in guter Zuversicht, man werde mich entschuldigen, daß ich den Leisten, so in Historien üblich, zuweilen überschritten habe. Denn ich habe als ein ordentlicher Prediger jungen und alten Laien gepredigt. Darum habe ich diese Historien zum Markt und auf meine Zuhörer richten müssen, habe bisweilen gemeine und nützliche Lehren mit einsprengen wollen, damit man nicht eine bloße Historie, sondern auch Trost, Lehre und Ermahnung finden möchte.